알리스터 맥그라스는 신앙이란 인생의 여정이며 그 여정 동안 과거를 기억하고 미래를 기대하는 것이라고 말했습니다. 이 책을 읽으면 맥그라스의 표현이 다소 부족함을 느낍니다. 신앙이란 과거를 기억하며 미래를 기대하고 오늘을 기록하는 것입니다. 이 책은 저자가 책 읽기를 통해 역사하신 하나님을 만나고, 이 만남이 공동체와 선교로 이어지는 아름다운 발자취의 기록입니다. 저는 이 책을 통해 책 읽기란 예배임을 배웠고, 세상에 있는 모든 아름다움이 하나님의 아름다움의 반영이듯, 세상의 모든 지식 역시 하나님을 아는 지식의 반영임을 알게 되었습니다. 저자가 인용한 '언어는 피부보다 더 신체적'이라는 표현처럼, 『읽기:록』은 우리의 삶을 하나님께로 더욱 가까이 인도해줄 것입니다.

고상섭_ 그사랑교회 담임목사

서자선 집사님의 『읽기:록』은 성실하고 집요한 책 읽기가 한 사람의 신자를 얼마나 복된 모습으로 빚어내는지를 입증하는 작품임과 동시에, 하나님에 대한 이해의 깊이와 넓이를 얼마나 풍성하게 맛보게 하는 도구가 되는지를 생생하게 증언하는 책입니다. 치열한 그녀의 독서 여정을 눈으로 먼저 확인하시고, 그 걸음을 조금씩 흉내 내고 따라가 보십시오. 여러분들은 더 이상 어제의 그 사람과 그 신자로 머물러 있을 수 없을 것입니다. 저자는 그 사실을 자신의 독서의 여정을 통해 증명하고 있습니다.

김관성_ 행신침례교회 담임목사

저의 삶은 독서 이전과 이후로 나뉩니다. 책이 없었다면 제 인생은 지금과는 전혀 달랐을 것입니다. 책이 있었기에 지금의 제가 있다 해도 과언이 아닙니다. 저는 그 변화가 비단 저만의 것이 아닌 모두의 것이기를 바랍니다. 한데 지금까지 책의 사람들을 많이 만나봤지만 남들이 읽어줄 만한 이야기가 있는 사람은 드물었습니다. 하지만 드디어 찾았습니다. 앞으로 책을 통해 삶이 바뀐 증거를 대라고 하면 저는 주저하지 않고 이 책과 저자를 추천할 것입니다. 다음은 누구일까요? 바로 이 책을 읽은 여러분들일 것입니다.

김기현_ 로고스교회 담임목사

제대로 된 독서가 어떻게 하나님을 더 사랑하고 사람을 더 사랑하도록 이끌어주었는지, 저자가 들려주는 저자 자신의 이야기는 그녀 주변의 많은 사람들이 이미 보고 들은 바이기에 더욱 힘이 있습니다. 책을 읽는 내내 많은 사람들이 저자처럼, 아니 저자보다 좀 더 이른 시기에 저자 자신에게 일어났던 그 변화의 시점을 만났으면 하는 바람이 간절했습니다. 『읽기:록』을 들고 읽는 것이 당신의 삶에 그 출발점이 되길 바랍니다.

김형익_ 벧샬롬교회 담임목사

한때 날라리였던 저자가 어떻게 평생 예배자, 평생 학습자, 평생 독서 전도자가 될 수 있었는지가 『읽기:록』을 통해 여실히 드러납니다. 오랜 독서 경험에서 비롯된 주옥같은 인용문들이 적재적소에 배치되어 글 전체의 논지를 설득력 있게 이끌고 있으며, 단 한 문장도 버릴 것 없는 유려한 글솜씨로 '읽기' 행위를 겸비하게 예찬하고 있습니다. 이 책은 무엇인가를 읽기 전에 가장 먼저 읽어야 할 필독서입니다.

박재은_ 총신대학교 신학대학원 조직신학 교수

저자는 신학자나 목회자, 신학생, 선교사, 청년선교단체 리더, 출판인 등, 책을 직업적으로 대하는 이가 아닌 한국의 일반 기독교인에게 독서가 끼치는 긍정적인 영향을 보여주는 산 증인입니다. 저자는 이 책에서 독서를 통해 신앙이 얼마나 더 신실해질 수 있는지, 생각이 얼마나 더 깊어질 수 있는지, 삶이 얼마나 더 풍성해질 수 있는지, 성품이 얼마나 더 온전해질 수 있는지를 잘 보여줍니다. 『읽기:록』을 읽는 독자들도 저자와 같은 마음을 품고 그 길을 따르게 될 것을 확신합니다.

이재근_ 광신대학교 신학과 교회사 교수

처음 이 책을 읽을 때는 저자의 방대한 독서량(미주를 보라!)이나 신실한 신앙생활의 단면들만 보일 수도 있습니다. 하지만 이 책을 통해 우리가 배울 수 있는 가장 귀한 것은 '우리는 우리의 지성을 어떻게 주께 드려야 하는가'에 대한 실례입니다. 하나님께서는 우리가 우리의 물질뿐만 아니라 우리의 지성도 귀히 드리기를 원하십니다. 이는 우리 자신을 성찰하여 죄를 깨닫고, 자기 중심성에서 벗어나 이웃과 교회를 보며, 더 큰 하나님을 깊이 누리기 위한 필수적인 헌신입니다. 독자들이 이 책을 보며 단순히 책 읽기의 도전을 받는데 그치지 않고, 우리의 지성이 하나님께로부터 왔으며 하나님께 드려져야 한다는 것을 깊이 생각했으면 좋겠습니다. 감히 말하건대, 한국인 성도가 쓴 존 파이퍼의 『생각하라』에 비견될만한 책이라 생각합니다.

이정규_ 시광교회 담임목사

저자의 독서 여정 『읽기:록』을 읽으면서 19세기 말 성경과 전도 책자를 보급했던 이 땅의 권서(勸書)가 생각났습니다. 성경을 정독하는 것에서 확장된 독서로 나아가 마침내 책을 읽는 것을 소명의 차원으로 받아들인 그녀의 읽기 행전은 아마도 '책을 잊은 사람들'을 다시 독서로 돌아오게 할 '책으로 인도하는 책'이 될 것이라는 예감이 듭니다. 기꺼이, 그리고 즐겁게 일독을 권합니다.

임종구_ 푸른초장교회 담임목사

한 평범한 신자의 자기고백적 진술이 평범한 사람들에게 그와 같은 삶에 동참하고 싶은 동기를 부여하는 책입니다. 책을 통해 의미 있는 삶으로 끊임없이 나아가는 저자의 여성이, 의미를 추구하는 누군가에게 밝은 에너지와 따뜻한 위로를 건네줄 수 있겠다는 생각에 기쁜 마음으로 이 책을 추천합니다. 제가 아는 저자는 정말 성실한 학생이었습니다. 저자와 같은 독서의 길을 꿈꾸는 분들에게 이 책은 정말 좋은 가이드가 될 수 있다고 확신합니다.

정석_ 인도 선교사

저자인 서자선 집사님을 처음 만났을 때를 기억합니다. 책에 흥미를 가지기 시작하면서부터 성실한 독서를 통해 성도로서 그의 삶이 어떻게 성장하였는지를 계속 지켜보았습니다. 책을 좋아하는 것과 독서를 좋아하는 것은 다르며, 그저 독서를 즐기는 것과 책을 통해 얻은 내용대로 사는 것역시 다르다고 생각합니다. 이 책은 독서를 통한 한 개인의 성장과 신앙 여정의 기록입니다. 진정한 독서를 통해 삶의 변화를 꿈꾸는 모든 분들께 이책을 추천합니다.

천성민_ GMS 선교사, 호주 번다버그 예수제자교회 담임목사

저자는 읽기가 인생인 '독서의 사람'(homo legitans)입니다. 이 책은 하나님이 나에게만 연주하게 하신 악보를 찾는 심정으로 독서가의 길을 꾸준히 걸어오신 분의 에세이요, 목회자가 아닌 성도의 자리에서 바라본 그리스도인의 본질을 담아낸 진솔한 교본이요, 진리에 말을 걸며 던진 많은 질문들의 꼬리를 붙잡고 지금까지 걸어온 구도자의 발자취가 써 내려간 서사요, 지금도 방황하며 길을 찾는 사람에게 너무도 친절하고 섬세한 읽기의안내서가 될 것입니다. 탐독한 서적들의 엑기스를 인용한 부분들이 많으나, 언어와 생각이 아름다운 저자 자신의 글귀는 인용된 부분보다 더 보석처럼 빛나는 책입니다.

한병수_ 전주대학교 교의학 교수

서자선 집사님의 첫 책 출간을 진심으로 축하드립니다. 수년 전 집사님이청년부 수련회에서 독서에 대한 강의를 해주셨을 때, 그 강의를 들으며 언젠가 독서에 대한 좋은 안내서를 써 주셨으면 하는 바람과 아울러 독자에서 저자가 되길 소망했는데 이렇게 결실을 맺게 되어 감사드립니다. 다독과정독, 그리고 정리의 고수인 저자의 독서 안내서가 많은 분들에게 큰 도움이 될 것을 기대합니다.

한상욱_ 광현교회 담임목사

읽기:록

읽기:록

초판 1쇄 발행 2022년 2월 4일
초판 2쇄 발행 2022년 4월 6일
초판 3쇄 발행 2023년 12월 25일

지은이 서자선
펴낸이 박지나
펴낸곳 지우
출판등록 2021년 6월 10일 제399-2021-000036호
이메일 jiwoopublisher@gmail.com
인스타그램 instagram.com/jiwoopub
페이스북 facebook.com/jiwoopub

ISBN 979-11-977440-0-6 03210

서
자
선

읽기:
록

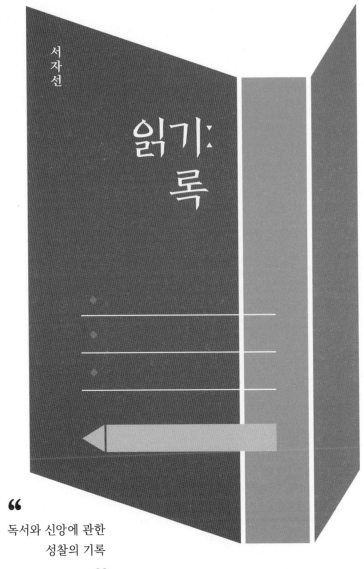

❝
독서와 신앙에 관한
성찰의 기록
❞

지우

저자 서문

하나님을 만나고 나서부터 '남은 인생을 어떻게 살 것인가'에 대해 참 많이 고민하고 기도했습니다. 이후 좋은 책들을 만났고 거기서 먼저 신앙의 길을 나선 선배들의 삶과 신학을 통해 많은 것을 배웠습니다. 수많은 책을 읽고 정리하고 거기에 저의 생각을 더한 기록들이 쌓여가며, 어느 순간 저만의 고유한 길을 걷고 있는 한 사람의 삶이 되어 가고 있었습니다.

존재한다는 것은 변화하는 것이고, 변화하는 것은 성숙해지는 것이고, 성숙해지는 것은 끊임없이 자기 자신을 창조해 나가는 것이라고 합니다. 읽으면 읽을수록 누가 만들어 놓은 길만을 따라가고 싶지 않았습니다. 누군

가가 이미 잘 닦아 놓은 길만 가기보다 하나님께서 마음
에 소원을 주시고 이끄시는 대로 살고 싶었습니다. 시행
착오도 있었지만 저 나름의 지속 가능한 방식으로 소신
있게 여기까지 오기를 잘했다는 생각이 듭니다. 성경과
책이 주는 강렬한 능력을 믿었기 때문입니다.

언젠가부터 개인의 독서를 넘어 다른 사람들과 함께
책을 읽는 일에 시간과 체력, 자원, 경험, 은사를 사용하
는 것이 즐거워졌습니다. 생애 마지막 날까지 독서의 동
력을 바르게 활용하여 지속적으로 하나님 나라에 기여
하는 경건한 삶, 책 읽는(읽히는) 삶, 단순한 삶을 살고 싶
었습니다. 더 많은 이들이 이 일에 함께하길 소망했습니
다. 그래서 지면을 통해 용기를 냈습니다. 자기 이야기는
자기만 쓸 수 있다고 해서요. 성경과 책을 읽으면서 제게
주신 소중한 은혜와 독서 경험과 삶의 변화를 나누었습
니다.

제임스 몽고메리 보이스는 그의 로마서 강해에서 거
룩한 신앙과 생활을 여는 열쇠는 우리의 체험이나 감정
이(아무리 뜻있고 강렬하다 해도) 아니고 우리에게 일어난 일
에 대한 지식(아는 것)에 있다고 했습니다. 글을 쓰면서 지
나온 시절을 돌아보는 계기가 되었습니다. 어떻게 여기

까지 왔는지, 지금은 어떤 상태에 있는지, 잘 가고 있는지 돌아볼 수 있었습니다.

불안과 두려움에 뒤척일 때부터 손을 잡아주시고, 향방 없는 마음에 생각을 정리하고 태도를 바꾸게 하신 하나님께 감사합니다. 삶 속에서 '읽기'라는 선물을 주시고 하나님을 알고 존재의 의미를 알아가는 여정에 지금도 동행해주셔서 감사합니다. 일체의 지지와 협력자로 한결같이 저의 곁을 지켜주는 평생 동반자 이상우 님께 깊은 감사를 표합니다. 특별히 저의 서재를 가득히 채워줘서 고맙습니다. 각 사람의 인생을 향하신 하나님의 열심을 보게 하는 사랑하는 화란과 도훈에게도 감사의 마음을 전합니다. 저의 독서를 응원해 주시고 기꺼이 가르쳐 주시고 수많은 책들을 소개해주신 여러 목사님들께 무한 감사를 보냅니다. 마지막으로 하나님의 말씀과 책들을 함께 읽고 나눈 독서모임 가족들에게 감사를 표합니다. 여러분들 덕분에 이 책을 쓸 수 있었습니다.

늙기는 쉬워도 배우기는 어렵다지만 저는 언제나 읽기와 기록의 힘을 믿습니다. 꾸준히 읽고 쓰고 나누는 우리들의 삶을 하나님이 기뻐하시면 좋겠습니다.

나는 죽을 때까지 읽을 것이다. 그리고 잊어버릴 것이다. 나는 내가 읽는 것의 일부밖에 기억하지 못한다. 그렇더라도 꾸준히 즐겁게 읽을 것이다. 잊는다는 것은 더는 나를 두렵게 하지 못한다. 지금 이 순간의 행복을 느낄 뿐이다. 유한한 인간으로서 뭘 더 바랄 수 있겠는가?[1]

서자선

출판사 서문

『읽기:록』은 저자의 오랜 독서 노트에서 시작되었습니다. 노트에는 평소 책을 읽고 옮겨 놓은 문구들과 그 사이를 메우고 잇는 자신의 생각들, 독서모임을 위해 준비한 내용들, 저자의 독서 여정을 궁금해하는 이들과 나눴던 이야기들이 담겨 있었습니다. 틈틈이 더한 일상의 기록들과 합쳐진, 이 상당한 분량의 노트가 『읽기:록』의 모태입니다. 오랜 설득과 기다림 끝에 저자의 노트를 볼 수 있는 소중한 기회를 얻게 되었습니다. 그리고 마침내 이렇게 책으로 엮어 더 많은 분들과 함께 볼 수 있게 되었습니다.

『읽기:록』의 특징은 독서의 몰입이 가져다준 변화의

향방입니다. 저자는 독서를 통해 예배와 묵상의 자리로, 이웃을 향한 섬김과 환대의 자리로 나아갑니다. 저자의 독서는 늘 자신의 내면과 공동체를 동시에 향합니다. 자신에게는 겸손하고 엄격한 성찰의 잣대를 적용하고, 공동체를 향해서는 사랑과 너그러운 마음을 나눕니다. 이것이 하나님이 원하시는 경건한 신자의 태도입니다.

독서를 권하는 많은 책들이 있습니다. 그중 상당수가 독서를 실용적으로 접근합니다. 입시나 취업을 위해, 그 분야에 전문가가 되기 위해, 자신의 경제적 사회적 상황을 개선하고 상승시키려는 수단으로 독서를 말합니다. 하지만 『읽기:록』은 조금 다릅니다. 개인의 삶을 행복하게 개선하고 인격적 소양을 함양하는 실용적인 측면도 있지만, 기본적으로는 독서를 기독교 신앙에 근거해 신자의 성찰과 성숙의 도구, 즉 성화의 방편으로 소개합니다. 경건을 위한 독서를 지향하도록 도전합니다. 저자는 독서가 자신의 욕망을 성취하기 위한 도구가 아닌 하나님이 원하시는 참 성도로 거듭나기 위한 성화의 노구로 사용되어야 함을 말합니다. 저자는 『읽기:록』을 통해 바로 이러한 독서의 여정으로 우리를 초대합니다.

오래전부터 교제해온 저자는 지금까지 늘 한결같았습

니다. 자신의 날선 지식으로 상대방을 찌르거나, 앎의 무게로 거만하게 짓누르지 않았습니다. 늘 자신의 부족함을 안타까워했고 누구와 만나더라도 그 사람의 장점과 통찰을 배우고 수용하고자 노력했습니다. 그래서인지 저자는 한사코 자신의 부끄러운 기록을 공개하지 않으려 무던히 애썼고 저는 그 노력을 무산시키기 위해 더욱 무던히 노력해야 했습니다.

이 책을 읽으면 독서와 기록이라는 평범한 일상의 행위가 저자로 인해 새롭게 보일 것입니다. 저자의 삶이 『읽기:록』이란 말을 새롭게 정의했습니다. 『읽기:록』은 책을 읽고 얻은 깨달음으로 삶과 신앙을 세우는 사유와 성찰의 기록입니다. 늘 자신의 어리석음을 알고 겸손히 살아가는 선한 그리스도인들을 위한 책을 만들려는 지우(知愚)의 마음과 맞닿아 있습니다. 『읽기:록』은 도서출판 지우의 또 다른 이름입니다. 독자들의 배움과 성찰을 향한 행복한 여정에 『읽기:록』이 따뜻하고 편안한 친구가 되어주길 소망합니다.

지우

들어가며

저는 말과 글을 통해서 일하시는 하나님을 따라 모르는 것을 질문하고, 복음의 내용을 공부하면서 올바른 예배와 섬김으로 이웃을 아끼고 공감하는 신자가 되고 싶었습니다. 그런 의미에서 독서는 질문하고 생각하게 만들고 새로운 것과 다른 것을 보게 합니다.

독서 과정의 모든 것을 담을 수는 없어서 대체로 결정적인 전환점을 준 계기와 책들을 소개했습니다. 하나님의 말씀을 사랑하고 말씀의 뜻대로 살려고 소망하는 마음이 전달되기를 바랍니다.

1장에서는 질문의 힘을 말하고 싶었습니다. 질문을

품으면 쉽게 지나쳐 버리는 것이 아니라 답을 찾으려고 노력하는 가운데 성장하는 자신을 보게 됩니다. 이처럼 자기의 생각과 관심이 말씀과 실천으로 맞닿을 때 일어나는 예기치 못한 삶의 전환을 나누고 싶었습니다.

2장과 3장에서는 읽기의 힘을 담았습니다. 성도에게 성경과 책이라는 텍스트를 주신 이유를 분명하게 인식하고 성도의 의무와 자질을 발견하게 하시는 하나님의 의도를 강조하고 싶었습니다. 또 책이라는 도구와 읽기의 방편을 적극적으로 활용할 때 영혼에게 일어나는 하나님의 일하심을 전하고 싶었습니다.

4장에서는 독서를 가능하게 만드는 환경설정의 중요성과 읽기를 지속할 때 일어나는 변화된 일상을 담았습니다. 각 사람의 인생에서 고유한 '자기다움'을 찾는 비결이 독서에도 있다는 것을 말입니다. 읽기를 지속하는 성실과 자주적인 학습은 물론, 혼자보다는 함께 읽을 때가 얼마나 효과적인지도 놓치지 않으면 좋겠습니다.

한 페이지의 글을 쓰는 일이 열 페이지를 읽는 것보다 어렵다는 것을 절감하면서 글을 쓰는 모든 분들을 다시 보게 되었습니다. 글을 쓰는 내내 부끄럽고 민망했습니다. 저의 독서가 굉장한 성취나 특별한 변화가 아니기 때문입니다. 다시 저를 돌아보았고, 또 다른 생각을 만들어가고 새로운 감각을 단련시킬 수 있었습니다. 이 책이 누군가에게 꼭 필요한 글이었으면 좋겠고, 많은 분들에게 유익한 책이었으면 좋겠습니다.

1장

:

어떻게 독서를
시작하게 되었나

"하나님은 모든 사람이 구원을 받으며 진리를
아는 데에 이르기를 원하시느니라"(딤전 2:4)

우리의 인생은 길지만, 매우 짧습니다. 어릴
적에는 누구든지 시간이 늦게 지나가는 것 같
습니다. 하지만 나이가 들수록 시간이 빛보다
빠르다는 생각을 하게 됩니다. 그러면서 자연
스럽게 영원한 하나님이 계시지 않는다면, 이
하찮은 인간의 목숨이 무의미할 것이라고 생
각하곤 합니다. 저 또한 마찬가지입니다. 이렇
게 생각하면 할수록 오직 하나님께 기도하며,
말씀 보기를 게을리하지 말 것을 다짐하게 됩
니다. 오직 나의 삶을 그분께서 알아줄 것이라
고 확신하기 때문입니다. 우리의 삶은 허무할
지라도 오직 영원한 하나님께서 역사하시기에
결코 허무하지 않습니다. 우리 신앙인의 삶은
항상 영원한 본향을 향하여 걸어가는 나그네
의 삶일 뿐, 우리는 이 땅에서 오직 하나님께
서 우리 각자에게 주신 삶의 소명을 다할 뿐입
니다.

| 요한네스 칼빈, 『요한네스 칼빈의
제네바 교회의 교리문답』, 박위근
역 (서울:한들출판사, 2010), 25

| 불안과 두려움에서 시작된 질문

오랜 세월 쉬고(?) 있던 교회에 다시 나가게 된 결정적인 계기는 두 가지 사건 때문이었습니다. 둘째를 낳은 1994년 10월의 어느 날 오전 '성수대교 붕괴사고'가 일어났습니다. 성수대교를 오가던 승용차들과 시내버스가 한강에 추락하며 수많은 시민들과 학생들이 다치고 사망하는 충격적인 사고였습니다.

그리고 이듬해 1995년 6월, 서울 서초동에서 '삼풍백화점 붕괴사고'라는 대형 참사가 있었습니다. 이 사고는 1천여 명 이상의 백화점 직원들과 고객들에게 닥친

무서운 인재였습니다. 사고를 당한 사람들 중에는 엄마를 따라 나온 아주 어린 아이들도 있었습니다. 두 아이의 엄마로서 중계방송되는 사고 현장을 보며 너무나도 고통스러웠습니다.

일련의 참사들은 조용하던 저의 일상에 예상치 못한 커다란 파장을 일으켰습니다. 연일 방송에 나오는 슬프고 처참한 광경을 보며 '어떻게 갑자기 저런 끔찍한 사고가 일어날 수 있을까', '내일을 알 수 없는 삶이로구나', '살고 죽는 것이 이토록 허무할 수 있을까'라는 생각들이 끝없이 일어났습니다. 제게도 저런 갑작스런 사고가 언제 일어날지 모른다는 불안과 두려움이 마음속 깊이 자리잡기 시작했습니다.

인간에게 가장 불안한 정서는 '내일을 알 수 없다'는 것에 대한 막연함과 예기치 못한 사고에 대한 두려움이라고 합니다. 특히 사랑하는 가족을 부지불식간에 잃는 상실에 대한 두려움은 이루 말할 수 없을 것입니다. 비록 방송으로 마주했지만 마치 저의 일처럼 느껴졌습니다.

'아침에 출근한 남편이 저녁에 무사히 돌아올 수 있을까', '나의 아이들은 오늘도 무사하고 안전할 수 있을까',

'지금 나의 일상이 내일도 변함없을까'. 삶의 모든 순간이 우리의 생각과 의지대로 흘러가지 않음을 목격하며 한동안 괴롭고 두려웠습니다.

일상생활에 지장을 줄 만큼 극도로 예민해졌습니다. 한번 자리 잡기 시작한 부정적인 생각들 때문에 밤잠을 설쳤습니다. 매일매일 쏟아지는 다양한 사건사고들을 보고 듣고 나면 더욱 불면에 시달렸습니다. 밤마다 의도하지 않은 생각들이 꼬리에 꼬리를 물고 저를 괴롭혔습니다. '영원한 생명은 없구나', '영원한 지금은 없구나', '살고 죽는 것은 무엇일까', '나는 지금 어디로 가고 있는 걸까'. 계속해서 스스로에게 묻고 질문하였습니다.

그렇게 고통스런 시간을 보내는 가운데 어느 날 문득 제 자신을 돌아보았습니다. 언젠가부터 매일매일 습관처럼 타성에 젖어 살아가고 있었습니다. 세상이 이미 만들어놓은 가치관을 그저 맹목적으로 쫓기만 했습니다. 무엇을 얻기 위해 어디로 향해 가는지 분명한 의식 없이 무작정 살아가고만 있었습니다.

결혼 후, 두 아이를 낳고 아무런 문제없이 살고 있다 생각했습니다. 그렇게 문제없는 삶이 오히려 문제였을까요? 겉으로 보기에는 평안한 삶을 살고 있는 것처럼 보였지만, 막상 그 평안이 깨질까 두려워 전전긍긍하며 살고 있었습니다. 그런 제 모습은 뭐라 설명할 수 없는 모순이었습니다. 아무 일 없는 현재의 삶이 감사하면서도 한편으로는 공허하고, 미래를 생각하면 막연하고 두려웠습니다.

'이건 아닌데' 하며 종종 생각에 잠기곤 했습니다. 다른 사람들의 삶에 관심이 가기 시작한 건 그 무렵이었습니다. '그들은 무엇을 위해 살아가는 것일까', '저들은 내일이 두렵지 않아서 아무렇지도 않게 살아가는 것일까'. 혼자서 알 수 없는 누군가에게 계속 질문했습니다. '지금이라도 당장 예기치 않은 죽음을 맞이한다면 얼마나 허무할까'. 삶에 대한 바른 이해도 올바른 목적도 없었습니다. 그저 흔들리기만 하는 불안 그 자체였습니다.

| 교회

계속해서 불안한 마음으로 지내다가 불현듯 예전에 교회에 다녔던 시절이 떠올랐습니다. '교회에 안 나가서 벌받는 것일까', '다시 교회에 가면 온갖 시끄러운 생각들이 사라질까', '교회에 가서 좋은 설교를 듣고 하나님께 기도하면 괜찮을까'. 머릿속에서 떠나지 않던 온갖 상념들이 결국 저를 다시 교회로 이끌었습니다. 별안간 믿음이 생겨서가 아닙니다. 복잡하고 어수선한 마음을 떨쳐내고 싶은 절박한 심정 때문이었습니다.

처음 가는 것은 아닌지라 교회 생활에 금방 익숙해졌습니다. 성도들이 함께 모이는 구역모임이나 전도회에도 참여했습니다. 주일에 예배하고 성도들과 교제하거나 봉사하는 것도 차츰 익숙해졌습니다. 저의 마음을 따라다니며 불안하게 했던 삶과 죽음에 대한 공포와 잡념들이 잊혀져 갔습니다. 저는 그렇게 예배도 교제도 즐겁고 봉사에도 열심인 공동체의 일원이 되어갔습니다.

시간은 빠르게 흘러갔습니다. 그토록 불면의 나날들을 보내게 했던 삶의 이유와 목적에 대한 회의와 질문들이 사라지고 있다는 사실도 전혀 눈치채지 못하면서 말이죠. 제 영혼은 또다시 타성에 젖어 옛 모습으로 돌아가고 있었습니다. 이렇게 인간은 우둔합니다. 전 계속해서 종교 행위만 반복하며 잘 살고 있다 착각하고 있었습니다.

| 아이들의 질문

감사하게도 제 인생에 커다란 전환점이 찾아왔습니다. 초등학교에 다니던 아이들의 끊임없는 질문이었습니다. 아이들은 학년이 올라가면서부터 자꾸 여러 질문들을 하기 시작했습니다. '죽은 사람이 어떻게 다시 살아나요', '하늘나라는 어디에 있어요', '진짜 지옥은 그렇게 뜨거운가요', '엄마는 지팡이가 정말로 뱀이 됐다고 믿나요'. 아이들은 끊임없이 의심하고 질문했습니다. 이해되지 않으니 믿어지지 않는 것입니다. 날이 갈수록 더 구체적이고 실제적인 질문들이 쏟아졌지만 대부분 제대로 대답하지 못했습니다. 아이들의 질문에 말할 수 있을 만큼 전혀 준비되어 있지 않았습니다.

처음엔 아이들이 엉뚱하게만 보였습니다. 반복되는 뜻밖의 질문이 못마땅하기도 했습니다. 또한 교회에 함께 다닌다는 엄마가 아이 질문에 아무 대답도 못하는 것이 참 부끄러웠습니다. 성경에 쓰여 있고 하나님 말씀이니까 믿으면 된다고 말하는 것도 한두 번이지 참 궁색했습니다. 성경에 대해 막연하고 피상적으로만 알고 있는 저의 상태가 매번 들통났습니다. 아이들은 점점 엄마를 신뢰하지 않는 눈치였습니다.

하나님이 어떤 분이시며, 교회는 무엇이고, 교회에 왜 다니는 것인지도 설명하지 못했습니다. 성경에 대해 이해도 확신도 없는 저를 발견하면서 무척 당황스러웠습니다. 오랜 세월 성경을 들고만 다녔지 한 번도 제대로 읽어본 적이 없다는 것을 자각하면서 몹시 부끄러웠습니다. 말하자면 저는 겉으로는 신자이지만, 실제로는 하나님을 믿지 않는 실제적 무신론자 같았습니다.[1]

그때까지만 해도 구원도 죽고 나서 구름 너머 높은 곳의 어떤 공간, 즉 천당으로 들어가는 것처럼 상상했습니다.[2] 지금 여기에서의 나의 변화로 나타나는 구원이 아니라, 언젠가 다른 때에 이루어질 구원을 상상했습니다.[3] 구원이라는 이름으로 하늘에 계신 어떤 분이 나를 하늘 위로 끌어올려주는 상상을 했습니다.[4] 저는 무지한 엄마였고 맹목적인 신자였습니다.

지치지 않고 질문하는 아이들의 집요함은 제가 그동안 얼마나 형식적이고 피상적으로 신앙생활을 해왔는지를 상기시켰습니다. 하나님과 복음의 내용을 올바르게 알지도 못하면서 잘 안다고 스스로 착각하고 있었습니다. 잘 모르는데도 아이들처럼 솔직하게 질문하지 않았습니다. 교회 문턱을 드나드는 모습만 가지고 하나님을 안다고, 말씀을 믿는다고 스스로를 기만했습니다. 하나님에 대해 무관심하고 성경에도 무지했습니다. 정확하게 알려고도 하지 않았습니다. 그동안의 신앙생활에 대한 회의와 후회가 한꺼번에 덮치면서 몹시 괴로웠습니다.

| 새로운 고민

예전에 늘 불안하고 두려웠던 시절의 끝도 없는 잡념이 또다시 온 마음을 지배했습니다. 힘겨운 씨름이 다시 시작되었습니다. '나는 그동안 무엇을 믿고 어떤 신앙고백을 하고 있었나', '나는 누구이고 어떤 존재인가', '나를 선택하시고 인도하시는 하나님께서는 어떤 분인가'. 이 모두가 하나님과 내 존재에 대한 근원적인 질문들이었습니다. 다시금 저의 영혼을 진지하게 들여다보기 시작했습니다.

하나님께서 간섭하시지 않는 세상과 인생은 공허합니다. 어떠한 만족과 기쁨을 누리지 못합니다. 혼돈은 우리를 지치게 하고 탈진하게 합니다. 그래서 혼돈의 열매는 공허합니다. 그 무엇도 채울 수 없고, 그 어떤 열매도 맺을 수 없으며, 그 어떤 위로도, 그 어떤 안식도 줄 수 없습니다.[5]

교회를 마치 방문객처럼 다녔던 행위가 부끄러워 견딜 수 없었습니다. '나에게 교회란 무엇인가', '하나님을 믿는다면서 복음을 올바르게 이해하고 설명하지도 못하는 내가 과연 성도인가', '이 땅에서 성도의 삶이란 무엇인가'. 그제야 실제적인 문제가 머리와 가슴으로 파고들기 시작했습니다.

저는 불분명한 삶과 신앙에 대한 이해와 태도를 전면적으로 재점검하기 시작했습니다. 예배, 기도, 말씀 생활에서 지나온 삶과 신앙의 모습을 정직하게 돌아보고 원점에서 다시 시작하기로 마음먹었습니다. 실제 문제가 되는 지점이 어디인지, 무엇 때문에 마음이 괴로운지도 살폈습니다.

아이들도 무엇인가 이해되지 않으니까 믿어지지 않고, 믿어지지 않으니까 자꾸 의심하고 질문했던 것입니다. 저도 아이들과 마찬가지로 정직한 질문 앞에서 도망치지 않기로 했습니다. 있는 그대로 자신을 보고 간절하게 질문하는 것이 어쩌면 작은 믿음의 씨앗일 거라 생각했습니다. 하나님의 크신 은혜이며 간섭이라고 확신했습니다.

31

| 질문의 유익

그 뒤로 정직한 질문이 신앙생활에서 얼마나 중요한지
알게 되었습니다.

신앙생활을 할 때 질문을 가지는 것은 중요합니다. 명확
한 답을 가져야만 한다는 뜻이 아닙니다. 딱 떨어지는
답이 나온다는 말을 하려는 것도 아닙니다. 그럼에도 불
구하고 우리는 하나님께 이런(우리 삶에서 믿음이 어떤 의
미를 가지는가?) 질문들을 물으며 살아야 합니다. 이 질
문을 가진 사람들은 '언젠가' 그 답을 만나게 될 것입니
다. 수수께끼 같고 답 없는 인생을 살아가면서 어떻게
질문을 던지지 않을 수 있겠습니까?[6]

끊임없는 질문도 하나님의 은혜였습니다.

질문은 신앙적 성숙을 촉발하는 필수적인 수단이다. 나
는 처음 기독교 신앙에 발을 디딜 때부터 질문이 꾸역꾸
역 솟아났다 … 의문이 생긴 것은 그리스도인이 되고 나
서도 마찬가지였다. 오히려 질문아 더 많아졌다 … 사람
들은 질문이 많은 나를 귀찮게 여겼지만 속에서 생기는
의문을 막을 수는 없는 노릇이었다. 나중에는 사람들에

게 질문을 하기보다는(질문을 해도 시원한 답변이 없는 때
가 많았고 또 밤낮 질문만 하고 있을 수도 없었기 때문에)
그냥 질문 공책을 만들어 질문이 생기는 대로 정리하기
시작했다 ... 지금 돌이켜보면, 이 번거로운 과정이 성숙
의 과정이었음을 부인할 도리가 없다. 묻고 궁금해하고
의견을 듣고 해답을 구하면서 나 자신도 모르는 사이에
한 걸음씩 성숙을 향해 나아갔다 ... 예수께서도 자신의
삶과 사역에서 질문을 중요시하셨다.[7]

사실 우리는 삶 속에서 무수한 의문과 회의가 있으면
서도 질문하지 못하는 경우가 많습니다.

질문의 힘, 질문하고 답변을 시도하는 가운데 얻어지
는 폭넓은 이해력과 깊은 통찰력은 이토록 대단한 것이
다. ... 우리는 인생과 신앙이 던지는 수많은 질문을 끌어
안고 답변을 얻기 위해 책으로 간다. 책은 우리의 질문
에 답변을 제시할 뿐 아니라 예상치 않은 질문들을 일으
키기도 한다. 여기에 질문과 책 읽기의 발전적 신순환이
존재한다.[8]

질문이 읽기를 낳고 책이 다시 질문을 낳습니다. 저 역
시 계속해서 질문하고 답을 찾기 위해 책으로 손이 갔습

33

니다. '내 속에 하나님의 말씀도, 예수 그리스도의 생명도 없구나'라는 것을 빨리 인정하고 위선의 가면을 벗고 싶었습니다. 모르는 것을 부끄러워하지 말고 목사님들께 물어보기로 했습니다. 말씀을 열심히 읽고, 설교를 잘 듣고, 복음의 내용을 부지런히 배우기로 결심했습니다.

다른 사람들은 스스로 알고 있다고 착각함으로써 자신이 무지하다는 것조차 알지 못한다고 합니다.[9] 무지하다는 것을 알게 되는 것은 축복입니다. 무지를 대면하는 순간에 찾아오는 부끄러움과 침묵을 받아들이고 자유로워지기 위해 노력하는 것이 중요합니다.[10] 그것을 곧 '자기 인식'이라고 합니다. 자신에 대해 바로 아는 것입니다. 자기 인식은 내가 알고 있던 기존의 지식 체계가 깨질 때 발생합니다. 습관대로 생각하지 않고, 익숙한 것을 낯설게 보기 위해서는 기존의 생각의 틀이 깨져야 하는 것입니다.[11]

신속하게 자기의 무지를 깨닫고 올바른 것으로 채워가는 것이 백 번 낫습니다. 자신의 무지를 자각하고 불안을 받아들일 때, 불안은 고통이 아니라 앎의 환희로 연결되는 통로가 됩니다. 더 이상 꽉 막힌 존재가 아니라 어떤 기쁨을 향유하는 존재가 되는 것입니다.[12] 저도 모르고 있음에도 안다고 착각하고 살아가는 행위를 더는 반복하고 싶지 않았습니다.

'나의 삶과 신앙을 어떻게 만들어가야 할까' 여기에 집중하기로 했습니다. 질문하고 답을 찾아가면서 새로운 존재의 변화를 꿈꾸었습니다. 삶과 신앙의 본질을 배우는 것에 집중했습니다. 하나님이 말씀하시는 복음을 분명히 아는 데에 전력을 다했습니다.

한편 하나님의 말씀에서 인생의 해답을 어떻게 찾아야 하는지, 누구에게 물어야 할지 막막했는데, 그때 가장 먼저 떠오르는 분이 교회 목사님이었습니다. 찾아가서 제 신앙의 상태와 고민을 나누었습니다. 부끄럽고 창피했지만 마음 깊은 곳에서부터 용기가 솟구쳤습니다. 신앙의 구체적인 질문들이 저의 존재를 뒤흔들던 때였으니까요. 더 이상 위선의 가면을 쓰고 사람들과 웃고 예배하고 교제할 수 없었습니다. 하나님께서 제게 질문할 수 있는 의지와 용기를 주셨습니다.

그간의 포장된 모습으로부터 벗어나 하나님을 바로 알고, 아이들이 어떤 질문을 해도 자신 있게 대답해줄 수 있는 엄마가 되고 싶었습니다. 기초가 없어 무너져가

35

고 있던 삶과 신앙의 체계를 바로 잡고 싶기도 했습니다. 정직하고 바른 신앙생활과 즐거운 삶을 누리며 다시는 시행착오를 거듭하지 않겠다는 마음뿐이었습니다.

| 해답의 시작 : 하나님을 아는 지식

먼저 "내가 어떻게 하여야 구원을 얻으리이까?"(행 16:30)라고 질문했던 간수처럼 구원의 문제에 대한 질문부터 시작했습니다. 그동안 저의 신앙은 삶의 안전과 요행과 소원을 위한 종교생활이었습니다. 그래서 목사님과 함께 제 안의 위선과 모순에 대해 궁금하고 불편한 것들을 나누었습니다. 목사님의 답변은 뜻밖에도 제게 익숙한 말씀이었습니다. 이전에는 들어도 들리지 않았던 말씀이었던 것입니다. 이때 저는 귀가 있어도 들리지 않을 수 있다는 것을 알았습니다.

목사님은 가장 먼저 '하나님을 아는 것'에 대해 언급했습니다. 하나님을 안다는 것은 하나님과의 인격적인 관계이며, 하나님과 인격적인 관계가 되기 위해서는 하나님의 존재와 성품과 일하심을 알아야 한다고 했습니다. 성도가 믿는 믿음의 대상이신 하나님과 믿음의 내용을 올바르게 인식하는 것이 우선이라는 것입니다. 이것은 단순히 지식과 정보로만 받아들이는 것이 아니라 말씀을 듣고 읽고 깨달으면서 하나님을 인격적으로 알고 경험하는 것이었습니다. 목사님은 하나님을 아는 것과 복음의 이해가 선행될 때 비로소 아는 만큼 믿어지고, 이해되는 만큼 확신으로 발전한다고 설명해주셨습니다.

마치 신세계가 열리는 듯했습니다. 목사님이 말씀하시는 내용이 귀에 들어오기 시작했습니다. '나는 왜 하나님을 알려고도, 성경을 읽으려고도 하지 않았을까', '왜 설교를 제대로 들으려고 하지 않았을까'. 목사님의 권면은 마치 잠자던 제 영혼을 깨우는 종소리 같았습니다. 길을 몰라 헤매던 사람이 올바른 방향의 표지판을 발견한 기분이었습니다. 길이 보이는 것 같았습니다.

| 예배

목사님은 맹물 같던 저의 신앙을 꾸짖기보다 오히려 솔직한 고백과 용기를 칭찬해주셨습니다. 이후 무엇보다 예배에 충실할 것을 당부했습니다. 그리고 하나님의 계시된 말씀인 성경을 읽고 묵상하기를 쉬지 말라고 했습니다. 기도를 배우고, 특별히 성경을 잘 이해할 수 있도록 돕는 검증된 좋은 경건도서들을 읽으라고 권면했습니다. 그러자 말씀에 전혀 귀 기울이지 않고 종교적 행위만 반복했던 지난 시절이 떠올랐습니다. 잠자던 저의 영혼이 그제야 기지개를 펴기 시작했습니다.

목사님과의 대화를 통해 하나님을 아는 것이 우리에게 가장 큰 복이요, 세상과 구별된 백성, 즉 거룩한 성도가 되는 시작임을 깨달았습니다. 예배와 기도와 말씀을 비롯한 모든 은혜의 방편을 최선을 다해 활용할 것을 다짐했습니다.

그렇게 무분별하게 분주했던 일상을 재배열했습니다. 예배 습관부터 정돈했습니다. 공적 예배에 우선순위를 두고, 말씀이 선포되는 자리에 꾸준히 참여했습니다. 예전에는 툭하면 들로 산으로 놀러 가거나 집안의 경조사를 핑계로 예배를 소홀히 했었는데, 놀랍게도 그런 습관들이 사라지기 시작했습니다. 모든 것이 하나님께서 일하시고 인도하시는 크고 놀라운 은혜였습니다.

| 설교

점점 더 설교에 집중하기 시작했습니다. 그 무렵부터 말씀이 저의 영혼에게 말을 걸기 시작한다고 느꼈습니다. 설교를 듣다 보면 하나님의 말씀이 마음을 찌르고 무릎을 치게 했습니다. 때로는 가슴이 뛰고 눈물이 솟구치기도 했습니다. 하나님께서 말씀을 통해 제 속에서 일하심을 느꼈습니다.

하나님은 공예배에서 선포되는 말씀을 통해 특별히 강력하게 역사하십니다. 그 시간에 선포되는 말씀은 한 주 동안 우리가 싸울 힘과 이유를 주고, 우리를 각성시키고 분발하게 하여 날마다 하나님 앞에 나아가게 합니다. 우리 모두가 그런 일을 감당해야 합니다.[13]

교회의 모든 공적 예배에 참석하여 설교를 듣는 시간이 더없이 즐거웠습니다. 한 말씀도 놓치지 않으려고 필기를 하며 들었는데 한결 집중이 잘 되었습니다. 집에 돌아와서는 반드시 설교 본문과 내용을 다시 읽고 묵상했습니다. 묵상은 소리 내어 읽고, 주의 깊게, 천천히, 반복해서 읽는 것입니다.[14] 또한 마음을 다하고 시간을 들여 듣는 것입니다.[15]

'묵상은 곧 생각'이 아닌 '묵상은 곧 읽기'라고 강조하는 까닭은 반복해 읽다 보면 자연스럽게 생각하게 되기 때문입니다. 말씀을 읽지 않고 오래 숙고만 하는 것은 묵상이 아닙니다. 읽고 또 읽고, 그렇게 읽은 것을 마음에 두고 되풀이하는 과정이 성찰이자 묵상입니다.[16]

그래서 묵상을 꾸준히 하다 보면 자연스럽게 글을 읽을 수밖에 없습니다. '묵상은 독서를 요구한다'는 말이 맞습니다.[17]

| 개인 묵상

시중에는 묵상을 도와주는 다양한 책들이 있습니다. 처음에는 그런 큐티책들의 도움을 받았습니다. 묵상 초기부터 개인 경건의 시간이 자리 잡힐 때까지는 유용했지만, 차츰 큐티책의 목소리가 저만의 묵상을 방해하곤 했습니다. 이미 저자의 묵상을 읽고 난 후에는 자꾸 저자의 묵상 방법이나 내용을 모방하고 의지하는 것이었습니다.

이후 큐티책에 의존하던 습관에서 조금씩 벗어나 점차 스스로 성경을 공부하고 독서를 통해서 길러지는 생각들을 묵상했습니다. 늘 묵상의 자리에 머물고자 노력했습니다. 어떤 방해나 장애물 없이 하나님과 독대하는 시간이 가장 즐거웠습니다.

묵상이 즐거워지는 만큼 성경공부와 독서를 위한 시간을 확보하고자 노력했습니다. 일상의 우선순위를 재배열하고 쓸데없이 사용되는 시간들을 줄여나갔습니다. 자녀를 양육하고 가사를 돌보고 교회에서 봉사하면서도 할 수만 있다면 남은 시간 모두를 경건의 시간에 사용했습니다. 경건의 훈련은 시간 훈련부터라는 것을 알게 되었습니다.

어떻게 하면 시간을 더 확보할까, 어떻게 하면 하나님의 말씀을 더 잘 이해할 수 있을지, 어떻게 하면 하나님과 더 깊이 교제할 수 있을지를 고민하며 하나님께 기도했습니다. 말씀 앞에 더 오래 머무르는 연습을 계속해서 반복했습니다.

성경 본문을 정독하고 본문에 대한 해석과 적용을 늘 가까이 놓고 고민하며 그때의 묵상과 감동을 기록했습니다. 그리고 기록한 내용을 놓고 기도했습니다. 묵상하는 순간마다 마치 부모가 자녀를 앞에 앉혀 놓고 훈계

하듯, 하나님께서도 저에게 말씀으로 책망하시고 교훈하시고 설득하셨습니다. 그럴수록 세상의 방식과 고집대로 살았던 사람을 향한 하나님의 안타까운 마음이 전해졌습니다. 저 또한 그런 하나님의 마음을 타인을 향해서도 품게 되었습니다.

의식 없는 종교행위와 불신앙으로 심각한 상태에 있던 저의 내면과 삶이 말씀으로 정돈되어 갔습니다. 하나님의 열심으로 아버지의 마음을 알게 되었고 저의 존재에 대해 깨닫기 시작했습니다.

하나님께서는 과거의 삶의 태도와 방식, 끊임없이 욕망하는 것들을 내려놓도록 재촉하셨습니다. 삶의 이유와 목적, 인생의 가치와 의미와 우선순위를 성경적 세계관으로 정렬하도록 독려하셨습니다. 세상의 현실과 성경이 가르치는 삶의 간극이 크지만 그 가운데 하나님께서우리를 도우시고 인도하신다는 사실도 알려주셨습니다.

물론 묵상의 시간이 거듭될수록 진리와 세상의 양극단에서 분투하는 시간들이 더욱 격렬해지고 점점 버거워졌습니다. 죄악된 세상과 우리의 타락한 모습을 적나라하게 마주하고 경험하는 일은 결코 만만치 않았습니다.

하나님께서 그런 저를 도우시고 인도해주셨습니다. 과거의 옷을 벗지 못하는 저를 매일 묵상의 자리로, 진리에 대한 감격과 기쁨, 회개와 눈물의 자리로 이끄셨습니다.

말씀의 원칙에 따라 순종한다는 것은 그동안의 온갖 세상적인 습관과 가치관으로부터 총체적으로 변화하는 것을 의미합니다. 여전히 보여지는 것이 중요하고 외적인 것을 욕망하며 자랑하고 싶은 제게, 말씀은 그것을 결코 용납하지 말라고 단호히 말했습니다.

| 설교 묵상

묵상하는 방법조차도 서툴러 다른 사람들의 방법을 흉내내고 따라하던 개인 묵상을 설교 묵상으로 발전시켰습니다. 예배 때마다 선포되는 설교를 듣고 집에 돌아와서 반드시 같은 본문을 다시 읽고, 해석된 내용을 확인하고(다른 강해서나 주석을 참조), 묵상하고 적용하는 깃을 습관화했습니다.

설교 내용을 다시 살펴보고 전체 회중에게 전달된 설교를 제 자신에게 적용했습니다. 제게 하신 말씀으로 받고 다시 적용할 때는 더욱 개인적이고 구체적인 적용점을 찾고자 했습니다. 이 책을 읽는 모든 분들께 이러한 과정을 자신의 상황에 맞게 실천해보길 권면합니다. 복음에 대한 이해와 저마다의 삶의 정황과 형편이 모두 다르기 때문입니다.

설교 묵상을 위해서 설교를 들을 때도 중심 내용과 기억해야 할 말씀들을 기록했습니다. 메모하면서 들으면 말씀에 더 집중하게 되고 본문의 맥락을 놓치지 않게 됩니다. 설교 노트를 쓰고 묵상하면 다음 돌아오는 예배와 설교 시간을 더욱 기대하게 되는 효과도 있습니다.

이렇게 들은 설교를 다시 읽고 곱씹는 묵상 훈련은 말씀에 순종하려는 마음을 선물합니다. 설교를 통해 하나님의 말씀을 기꺼이 받는 것은 말씀을 준비하는 성도(설교자)나 듣는 성도 모두의 의무이자 도리입니다.

이러한 선순환은 설교자를 돕는 방법이기도 합니다. 설교자는 더 부지런히 설교를 준비할 것이고, 더 정확히 말씀을 전하기 위해 좀 더 열심히 공부할 것입니다. 설교가 성경에 충실하고 삶도 그러한 설교자를 기대한다면 성도는 더 열심히 공부하고 분별해야 합니다.

그뿐만 아니라 주일 설교가 강해 설교일 경우에는 대부분 예습을 했습니다. 다음 주 본문을 미리 읽고 공부하고, 그 본문이나 본문에 담긴 주제에 해당되는 책을 읽었습니다. 설교를 들으면서 제가 묵상하고 공부한 내용과 비교해보기도 했습니다. 새롭게 알게 된 것과 놓친 것은 무엇인지를 메모했습니다. 성경 공부에 이보다 더 좋은 방법이 없었던 것 같습니다.

설교를 묵상하는 습관은 같은 설교를 듣는 가족이나 성도들과의 교제에도 좋습니다. 한번 지나간 설교 말씀을 의도적으로 주일이나 주중에 다시 나누다 보면 은혜받은 본문이나 새롭게 깨달은 내용, 감동, 기도와 결심들이 서로에게 도전과 격려가 됩니다. 이 모든 과정들은 복음의 능력을 경험하는 성도의 아름다운 교제입니다.

성도의 교제는 예배만큼이나 본질적입니다. 하나님께서 우리에게 베푸신 은혜를 나누고, 하나님께서 우리에게 주신 말씀에 대한 우리의 반응을 나누고, 우리의 삶을 나누면서, 서로를 돌보고, 사랑하고, 돕는다는 면에서 교제는 신앙생활과 교회생활의 선택사항이 아니라 필수사항입니다.[18]

저는 공예배를 포함해서 일주일에 평균 4편의 설교를 듣습니다. 4편의 설교만 제대로 묵상해도 결코 적은 분량이 아닙니다. 아니, 시간이 부족할 정도로 많습니다. 설교 묵상을 습관화하기만 해도 일어나는 놀라운 변화를 꼭 경험해 보시길 바랍니다.

좋은 설교는 회중이 말씀을 듣고 한 주간 그 말씀을 기억하면서 생각하고 고민하게 하는 설교라고 들었습니다. 설교 묵상은 말씀 안에서 생각나는 내용을 드러내고 바로 살기 위해 고민하게 하는 강력한 수단입니다. 하나님과 일대일로 독대하는 소중한 시간에 자신의 거짓과 위선이 발견되고 회개와 순종이 일어납니다. 설교와 설교 후 묵상은 이처럼 떼려야 뗄 수 없는 특별한 은혜의 방편입니다.

| 새로운 독서의 시작

위대한 믿음의 선배들의 설교집이나 주석을 즐겨 읽게 된 것도 그때부터였습니다. 성경 본문을 정확하게 이해하기 위해 먼저 성경을 오랜 시간 공들여 읽었고, 더 깊은 이해나 다른 관점들을 살펴보고자 할 때는 주석들을 보았습니다. 그 밖에 본문 이해와 적용을 돕는 다양한 신앙도서를 읽었습니다.

묵상하거나 책을 읽으면서 올바르게 이해하고 적용하고 있는지 확인하기 위해 목사님들께 이메일로 질문하기도 했습니다. 교회에서 마주칠 때마다 틈나는 대로 질문하고 또 질문했습니다. 묵상한 것을 들고 교역자 사무실도 자주 들락거렸습니다. 그때마다 목사님들은 언제나 친절하게 가르쳐 주셨습니다. 제가 목사님들을 얼마나 귀찮게 했는지 모릅니다.

그럼에도 목사님들은 저의 갈급함을 이해해주셨고 주제에 따라 어떤 책들을 읽으면 좋을지 적절한 책들을 소개해 주셨습니다. 도움이 될 만한 책 추천은 물론 신앙도서를 어떻게 읽어야 하는지, 어떤 저자의 책을 읽으면 좋을지에 대해서도 설명해 주셨습니다.

목사님들의 친절한 관심과 소개와 가르침은 신앙노서를 읽는 제게 큰 도움이 되었습니다. 참으로 많은 은혜의 빚을 졌습니다. 이로 인해 비로소 성경과 다양한 책들이 익숙해지기 시작했습니다. 설교 묵상과 독서가 일상 속으로 녹아들며 단 하루도 읽기를 멈추지 않았습니다.

| 기도

말씀 묵상과 독서에 집중할수록 기도의 시간이 보다 간절해졌습니다. 한적하고 조용한 예배당을 매일 찾았습니다. 말씀 속에서 기도를 배우고 싶었고 믿음의 선배들의 신앙고백과 기도와 말씀 탐구의 열정을 따라하고 싶었습니다. 그렇게 신앙 선배들의 글을 읽으면서 수많은 인생의 질문과 내면의 문제와 장래의 일들을 생각하고 고민하고 기도했습니다.

아이들이 학교에 등교하고 나면 부지런히 집안일을 마치고, 곧바로 예배당에 가서 기도의 자리에 머무르는 연습을 매일 반복했습니다. 하나님이 어떤 분이신지 알려 달라고, 제가 믿어야 할 바가 무엇이고, 믿고 나서 어떻게 변화된 삶을 살 수 있는지 묻고 기도했습니다. 아버지의 말씀을 올바로 깨닫길 간구했습니다. 약속의 말씀이 저의 온 마음과 삶을 지배해 주시길 소원하며 날마다 기도의 자리로 나아갔습니다.

물론 기도가 처음부터 쉽지는 않았습니다. 이 생각 저 생각 잡념만 떠오르고 같은 말만 계속 반복하는 날도 많았습니다. 다른 사람들이 기도하는 모습을 떠올리며 흉내도 냈습니다. 귀찮고 포기하고 싶을 때도 많았습니다. 그러나 그때마다 예수님의 기도를 기억했습니다. 중언부언하지 말라는 말씀을 떠올렸습니다. 듣고 읽은 것을 흘려버리지 않기를 바라며 말씀을 붙잡고 기도했습니다. 그동안 얼마나 의미 없이 기도했고 잘못 기도했는지 반성했습니다. 늘 기도로 많은 것을 요구하기만 했던 제 자신이 부끄러웠습니다.

> 그리스도인의 기도는 온 우주를 위한 하나님의 계시된 목적들이 성취되도록 기도하는 것 그 이상도 이하도 아니다. 그 외 다른 것은 모두 우상 숭배이거나 하나님에 대한 전적인 반역 행위가 될 것이다. 그렇다면 모든 그리스도인의 기도는 복음과 하나님이 정하신 복음의 결과를 지향하는 것이다. 우리는 때로 삶의 한층 세세한 사항들을 위해 기도하는 것을 이상하게 생각한다. 하지만 그런 기도를 그만두면 안 된다. 우리 삶의 모든 세부 사항은 우리를 향하신 하나님의 목적 안에 들어 있기 때문이다. 문제는 무엇에 대해 기도하는가 하는 것이 아니라, 그것에 관해 무엇을 기도하는가 하는 것이다. 우리는 성경에 나오는 하나님의 계시와 일관되게 기도해야 한다.[19]

올바른 기도 생활에 전념하기 위해서는 올바른 기도에 대한 공부가 필요했습니다. 기도에 대한 바른 가르침이 담긴 책들을 읽으면서 하나님이 원하시는 기도로 나아가기 위해 노력했습니다. 기도 역시 책으로 배웠다고 해도 과언이 아닙니다. 기도에 대한 책을 읽을수록 하나님의 관점에서 하나님의 뜻에 따라 기도하는 사람이 되고자 노력하게 되었습니다.

| 더욱 확장된 독서

예배에 성실히 참여하는 습관이 어느 정도 자리를 잡아가고, 꾸준히 말씀을 묵상하고 기도하는 생활도 점차 익숙해졌습니다. 그럼에도 늘 뭔가 좀 더 체계적이고 정교한 신앙생활을 영위하고 싶었습니다. 말씀 중심의 생활에 전념하고 있다고는 하나 여전히 부족했습니다.

이 갈급함이 무엇일까 고민하고 기도하는 가운데 성경을 좀 더 체계적으로 공부하기로 작정했습니다. 질서정연한 성경공부가 필요함을 느꼈습니다. 배경지식이 턱없이 부족한 저로서는 자주 혼란이 일어났고, 성경은 여전히 난해하고 어려웠습니다. 성경 전체의 핵심 메시지가 명확하지 않아 종종 길을 잃고 헤맸습니다.

성경 전체 스토리에 능숙해지기 위해 먼저 다양한 종류의 성경을 반복해서 읽기 시작했습니다. 현대인에게 익숙한 문체로 번역된 성경, 간단한 해설이 포함된 성경, 주석 성경과 메모 성경 등을 돌아가면서 읽었습니다. 구약과 신약을 해설하는 책들을 읽고 성경의 큰 그림을 그려보려 애썼습니다.

성경에 나오는 생소한 단어들과 교회에서 자주 사용하는 용어들도 성경 읽기에 어려움을 주었습니다. 정확하게 알지 못하면서 그냥 익숙하다는 이유로 막연하게 사용하던 용어들을 이해하고자 성경사전과 같은 책들의 도움을 받았습니다. 이처럼 바르게 성경을 읽고 신앙생활을 해나가는데 있어 용어와 개념 정리는 반드시 필요합니다.

주석이나 신앙(신학)도서들은 목사님들만의 선유물이 아닙니다. 모든 성도들이 말씀을 바로 알아가는데 중요한 도구요 유산입니다. 좋은 설교집이나 주석을 통해 성경을 바로 읽고 해석하고 적용하는데 도움을 받아야 합니다. 우리는 얼마든지 성경이 말하는 수많은 주제를 여러 좋은 책을 통해 다시금 쉽고 새롭게 읽어볼 수 있습니다.

다양한 책을 읽으면서 하나님이 성경 전체에서 말씀
하시려는 메시지가 무엇인지 알게 되었습니다. 혼자서는
통찰하기 어려웠을 내용들이 이미 여러 좋은 책에 담겨
있었습니다. 방대한 말씀의 세계를 신앙의 선배들의 책
을 통해 알아간다는 사실이 너무나 기뻤습니다. 성도들
에게 믿음의 유산을 남겨주신 신앙의 어른들께 감사했
습니다. 더불어 성도로서 말씀 탐구와 신앙 독서까지 평
생 집중해서 할 일이 생겼으니 정말 행복했습니다.

수많은 이단과 비성경적인 해석이 난무하는 시대에
이것들을 일일이 거르고 분별하기 위해서라도 성도 개인
의 성경 연구와 독서는 필수입니다. 잘못된 해석과 무분
별한 적용이 말씀의 의미를 훼손하고 왜곡하기 때문입
니다. 그렇기에 저는 추천받은 저자를 정하고 그의 전작
을 읽으면서 하나님 나라의 큰 그림과 신앙의 뼈대를 세
우기로 했습니다. 그때 소개받은 저자가 박영선 목사님
과 마틴 로이드 존스 목사님이었습니다. 두 분의 책들로
'전작주의 독서'에 도전하기로 했습니다. 새로운 도전에
마음이 설레었습니다.

그리고 이미 역사적으로 검증된 믿음의 선배들의 고전도 찾아 읽었습니다. 동시대를 사는 분들의 책도 읽었지만 먼저는 고전 독서에 더 전력하기로 했습니다. 일치감치 고전의 중요성을 알고 그런 책이 많이 나오는 출판사를 골라 전부 읽어보기로 했습니다. 그렇게 해서 꽤 많은 청교도 고전을 읽을 수 있었습니다.

　성경이 쓰여졌던 시대에 관한 다양한 배경지식을 쌓는 독서도 빼놓을 수 없었습니다. 정치, 사회, 문화 등 역사적 배경이 정돈될수록 성경 공부가 더욱 흥미로워졌습니다. 대략의 당시 지리를 알고 성경을 읽는 것과 설교를 듣는 것은 차원이 달랐습니다. 이러한 배경지식을 통해 머릿속에서 본문 내용이 자연스럽게 그려졌고, 그로 인해 말씀이 더욱 생생하게 들렸습니다. 이렇게 다양한 주제의 독서가 주는 유익을 누리며 저는 점점 더 폭넓은 독서의 세계로 빠져들어갔습니다.

　또 언제는 교회에서 열린 성경 해석 강의가 있었는데, 본문을 이해하기 위해 전후 문맥을 기억하며 읽고 공부하는 것에 대해 배웠습니다. 소위 맥락의 독서법을 배운 것입니다. 텍스트를 읽고 해석할 때 고려해야 할 사항이 상당히 많다는 것도 알게 되었습니다. 본문마다 통찰해

야 하는 주제들, 다양한 비유에 대해서도 책을 통해 공
부할 수 있었습니다. 난해한 본문이 이해될 때마다 얼마
나 감격스러웠는지 모릅니다. 그렇게 계속해서 독서가
주는 역동성을 경험해나갔습니다.

성경의 핵심 주제들을 정리해놓은 교리문답 역시 공
부하기 시작했습니다. 처음에는 생소하고 어려웠지만 성
도들이 꼭 알아야 할 내용이었습니다. 교리문답은 믿음
의 선배들이 복음의 내용을 오랜 시간 공들여 정리해놓
은 것이기에 공부하면 공부할수록 성경을 보는 눈이 열
렸습니다. 교리는 논리적이고 질서 정연해서 성경만 읽을
때보다 신속하게 큰 그림을 그릴 수 있습니다. 교리문답
을 공부하면서 신앙의 뼈대가 든든히 세워져갔습니다.

교리는 신앙이 결코 막연하고 피상적이지 않음을 알
려줍니다. 하나님께서 세상과 인생을 향해 어떠한 의도
를 갖고 계신지 이해하고 이를 따라 살아갈 수 있는 동
력을 제공하며, 성도의 정체성을 올바로 알려줍니다. 성
숙한 그리스도인이라면 반드시 알아야 할 진리의 개념
과 성경적인 삶의 원리를 담고 있습니다.

이는 믿음의 어른들이 그냥 만들어 놓은 유산이 아닙

니다. 신앙의 후배들을 위해 애써 수고한 결과물입니다. 그들은 성도 안에 진리의 체계가 잘 정돈되어 있어야 흔들림 없이 올바른 신앙이 지속될 수 있음을 알았습니다. 교리 공부는 제게 여태껏 정리되지 못했던 신앙의 전반적인 설계도를 보여주고 이해시켜준 놀라운 사건이었습니다.

이후 다양한 교리문답과 신앙고백서 등을 필두로 기독교 강요와 다양한 기독교 세계관, 기독교 윤리, 기독교 역사 등을 공부하며 기독교 전반에 걸친 폭넓은 독서에 계속 도전했습니다. 다양한 주제는 저를 더욱 풍성한 독서의 세계로 안내했습니다. 정식으로 신학교에 다니지 않아 잘못된 해석과 적용에 빠질까 늘 위축됐었는데 점점 자신감이 생겼습니다. 다양한 독서가 그리스도인의 신앙 성장에 탁월한 도구인 것에 감사했습니다.

성경의 저자이신 하나님께서는 한 영혼의 삶의 저자로서 존재하십니다. 이리저리 글을 살펴 책을 만들어가는 편집자처럼 하나님께서는 저의 삶과 신앙을 편집하셨습니다. 하나님의 편집 솜씨는 너무나 탁월하셔서 저를 전혀 예상치 못한 모습으로 만들어 주셨습니다. 시공간을 초월한 믿음의 선배들의 주옥같은 글을 통해 저의 마음과 생각과 행동을 사로잡으셔서 매일 읽는 사람으로 만드셨습니다.

점차 인생의 모든 페이지를 하나님께서 쓰고 계신다는 믿음이 생겼습니다. 독서의 자극과 강렬한 열정이 하나님께서 저를 만들어가시는 소중한 장치로 여겨졌습니다. 책을 선택하고 읽어가는 모든 순간이 하나님의 세밀하신 간섭이었습니다. 매번 만나는 책과 저자들을 보면 하나님께서 일하시는 것이 분명하게 보였습니다. 그래서 독서의 과정에서 '무엇을 읽느냐', '어떤 저자를 만나느냐'는 참으로 중요합니다. 한 사람의 신앙과 인생을 독서를 통해서 일하시는 전능하신 하나님을 찬양합니다.

다양한 책 속에서 수많은 신앙의 선배들을 만나고 글을 읽으면서 지치고 연약한 삶과 신앙이 치유되고 회복되었습니다. 막연하고 피상적인 신앙에 진리의 체계가 세워졌습니다. 복음 전도의 열정이 불타오르게 되었습니다. 믿음의 공동체를 사랑하게 되었습니다. 매일 기도의 자리를 찾고 응답의 비밀을 알아갔습니다. 찬송할 때마다 가슴 벅차게 떠오르는 하늘의 말씀은 절로 노랫말을 짓게 했습니다. 하나님의 열심이 저의 열심이 되었습니다. 하나님을 아는 것이 더 간절해졌습니다. 하나님의 어떠하심과 일하심과 인도하심이 저의 모든 관심사가 되었습니다.

| 새로운 소명

저는 책을 읽는 습관이 평생의 소명이 되기를 기도했습니다. 책을 읽고, 책을 권하고, 책을 사람을 살리고 세우는 도구로 사용하겠다고 말입니다. 그 마음을 품고 믿음의 선배들의 독서방법을 찾아보았습니다. 평생 성경을 읽고 강해한 목회자들의 신앙 형성 과정과 독서 습관과 그들이 읽은 도서목록을 살펴보았습니다. 그들의 습관과 책을 놓치지 않고 읽고 싶었기 때문입니다.

그 와중에도 성경과 독서의 균형을 잃지 않으려 각별히 노력했습니다. 독서를 통해 영적 성숙의 길을 모색했던 어른들은 어느 한쪽에 치우치지 않는 사람들이었습니다. 저 역시 성경 묵상과 독서를 신앙의 양식으로 삼고 삶 가운데 실천하는 평생학습자로 살아가리라 다짐했습니다. 경건한 어른들을 따라 신앙과 지성을 다듬고 본받을 수 있는 것에 날마다 감사했습니다.

부지런한 독서는 의심과 질문들에 답을 찾아주고 이해를 도왔습니다. 물론 알아가는 만큼 새로운 궁금증과 흥미로운 주제들이 떠오르기도 했습니다. 이제 여러 주제에 호기심이 생길 때마다 누구를 찾아가기보다는 스스로 책을 읽고 연구할 수 있게 되었습니다. 일방적으로 읽는 독서에만 의지하던 수동적인 태도에서 스스로 깊이 탐구하는 능동적인 태도로 발전하게 되었습니다.

진리의 세계는 너무도 방대하고 인간의 상상력은 너무나 풍성합니다. 이전에 알지 못했던 새로운 책들과 시대의 변화에 따라 낯선 주제들이 날마다 쏟아지고 있습니다. 스스로 사유하고 독서하지 않으면 정체되고 낡은 진부한 세계에 갇혀버립니다. 다양한 사람들의 고견을 듣는 독서는 그래서 더욱 중요합니다.

책을 제대로 활용한다는 것은 그분들에게 도움을 구하는 것이며, 우리의 지식과 사고력이 그 문제를 해결할 수 없을 때 그분들에게 간청할 수 있다는 겁니다.[20]

독서는 제게 신앙의 확신과 삶의 활력을 선사했습니다. 매일 읽는 행위는 그동안의 회의와 의심과 불신앙의 먹구름을 사라지게 했습니다. 복음의 내용을 잘 정리해서 다른 사람들과 나누고 전하는 데 집중하게 했습니다. 하나님께서는 그런 마음을 기뻐하시는 것 같았습니다. 다양한 독서모임을 통해서 삶과 신앙을 나누고, 진리를 공부하고, 사람들을 섬기고 환대하고자 애쓰는 성도가 되도록 지금껏 인도해주셨습니다.

나는 책에 대해 이야기함으로써, 저자들이 그 글을 통해 창조해낸 축복에 대해 이야기함으로써 독서가 내리는 은혜를 퍼뜨린 것이다. 그런 기쁨과 위안과 지혜를 나눌 수 있으니 얼마나 대단한 선물인가![21]

2장
:
책을 읽는 이유

"생명의 원천이 주께 있사오니 주의 빛 안에서
우리가 빛을 보리이다"(시 36:9)

우리에게 읽는 행위는 이제 거의 신체 기능이
나 마찬가지로 자동 운동이 되었고, 학교에 들
어가면서부터 책을 가까이하기 때문에 책은
이미 자연스레 늘 우리 곁에 있는 것이 되었
다. 따라서 대부분의 경우 우리는 옷옷이나 장
갑, 담배 등 공장에서 대량으로 찍어 낸 공산
품을 고르듯 대수롭지 않게 책을 골라 든다.
접근성이 높다는 사실은 으레 그 대상에 대한
경외심을 격하시키기 마련이며, 익숙하고 일
상적인 것은 오직 우리가 지금 이 순간을 살아
가고 있음을 진정 생산적인 태도로 깊이 생각
해 내면의 눈으로 주시하는 순간에만 다시금
놀라운 것으로 변모한다. 오로지 그런 숙고의
시간에만 우리는 책에서 삶으로 넘쳐흘러 우
리의 영혼을 뒤흔드는 힘을 엄숙히 인지하여,
책의 기적이 아니었으면 오늘날 우리 내면의
실존에 대해서는 도저히 생각할 수조차 없었
을 거라는 사실을 중요히 여기게 된다.

| 슈테판 츠바이크, 『모든 운동은 책
  에 기초한다』, 오지원 역 (파주:유
  유, 2019, 13

| 삶의 목적과 의미를 찾다

저는 인생의 불안과 두려움 앞에서 생각이 많아졌습니다. 불안은 어디서부터 비롯되는지, 인생에서 가장 소중한 것은 무엇인지, 나란 존재는 누구인지 궁금했습니다. 삶의 의미와 목적은 무엇인지, 어떻게 살아야 할지에 대한 수많은 생각이 꼬리에 꼬리를 물었습니다. 계속되는 질문에 성경을 읽고 궁금증을 해결하기 위해 책을 읽었던 것입니다.

질문을 잡아야 합니다. 삶이 던진 질문을 붙들고 책을 읽을 때 가장 열심히 가장 정직하게 읽고, 가장 큰 것을

63

배울 수 있으니까요.[1]

성경과 독서를 통해 비로소 제가 어떤 존재인지 진단 받고 불안의 원인을 깨달았습니다. 배우는 존재로서 자신을 인식하면서 세상을 새롭게 보게 되었습니다.

독서 혹은 배움을 통해 분명 새로운 지식은 자신의 것이 된다. 하지만 독서나 학문의 '의미'는 잘라 말해 자신이 그때까지 무엇 하나 알지 못하는 존재였다는 사실을 처음으로 깨닫게 되는 그 자체에 있다.[2]

인생의 의미와 목적을 알고 나니 다시는 과거의 삶으로 돌아갈 수 없었습니다. 궁극의 처방이 필요했습니다. 죽기 살기로 성경과 책에 매달리기로 결심했습니다. 그만큼 절박하고 간절했습니다.

질문에 따라 책을 읽으면서 진리를 알아가는 시간이 기뻤습니다. 집중해서 책을 읽는 연습이 반복될수록 앎의 과정에서 희열을 경험했습니다. 책이 제공하는 순수한 기적을 믿게 되었습니다. 진지하고 의미 있는 삶의 시작은 질문으로부터 시작된다는 것을 저에게서 발견했습니다. 왕성한 호기심의 동력과 새로운 것을 알아가는 기뿜은 모두 질문에서 비롯되었습니다. 생각의 지평이 조금씩 확장되는 것을 경험하며 이전보다 불안과 두려움으로부터 훨씬 자유로워졌습니다.

| 다른 생각과 만나다

풍성한 독서의 세계는 거기서 멈추지 않았습니다. 활자 안에만 갇혀 있지 않으려 했고, 타성에 젖은 채 안주하지 않으려 노력했습니다. 마음과 생각과 말과 행동을 점검하고 교정하며 삶으로 실천하고자 했습니다. 말씀의 힘, 글의 힘이었습니다.

독서를 통해 낯선 생각, 새로운 사실과 관심, 타인의 통찰에 집중하기 시작했습니다. 그렇게 이전에 알지 못했던 새로운 사실과 생각을 책에서 배웠습니다. 가끔 어떤 책은 평소에 제가 생각하고 있던 고민과 겹치기도 했습니다. 저와 같은 생각의 접촉점을 발견할 때 얼마나 반가웠는지 모릅니다.

독서를 통해 다른 사람들의 관점과 통찰을 마주하는 경험은 습관적이고 익숙한 사고로부터 벗어나게 해줍니다. 막연하고 무관심했던 사안에 대한 문제의식과 분별력이 생깁니다. 자기가 옳다고 생각했던 고정관념이나 편견에 대해 다시 생각하게 됩니다.

> 그리스도인의 삶에 대한 성경의 가장 중요한 생각은, 그 삶이 최고선(最高善, summum bonum)을 향하여 사랑으로 질서 지워진 삶이어야 한다는 것입니다. 다시 말해서 그리스도인의 삶은 가장 좋으신 하나님을 최고로 사랑하고, 거기로부터 시작해서 다른 사물들을 그것에 합당하게 사랑하는 올바른 질서 안에 있는 삶이라는 것입니다.[3]

계속되는 독서는 새로운 생각을 낳았습니다. 믿음의 내용을 질서정연하게 정리해서 다른 사람들에게도 나누고 싶어졌습니다. 예전의 저와 같은 모습으로 방황하는 분들을 보면 견딜 수 없었습니다. 그럴 때 책은 우리가 진지한 화제로 말하고 들을 수 있게 하는 매개체가 되어 줍니다.[4]

새로운 생각을 통해 진리를 더욱 정확히 알고 이를 품위 있게 전하고 나누기 위해 노력하기 시작했습니다. 이를 통해 진리 안에서 타인에게 지혜롭게 행동해야 한다는 것을 배웠습니다. 세상에 대해 폐쇄적이고 편협했던 생각들이 좀 더 넉넉하고 유연해져야 한다는 것도 깨달았습니다. 자신에게 익숙한 사고를 버리지 않으면 새로운 사고를 하는 것도, 사고력을 확장하는 것도 불가능합니다.[5] 책을 읽지 않았다면 내가 어떤 사고에 익숙한 사람인지조차 깨치지 못했을 것입니다.[6]

저는 삶의 다양한 현상과 타인의 삶의 이면을 이해하고 공감하는 삶을 살고 싶었습니다. 더 정교하게 말씀을 나누고 전하고 싶었기 때문입니다. 인생의 어려운 때와 슬프고 고통스런 삶의 문제들을 말씀을 통해 바라보고 서로 돕고 함께 극복해나가는 성도로 살아가고 싶었습니다. 죽어가는 영혼을 향한 마음의 불꽃이 사라지지 않는, 평생 책과 세상을 읽는 사람이 되길 기도했습니다. 성도에게 읽기란 어쩌면 생사의 문제일지도 모르겠습니다.

우리는 우리가 사는 시대를 탐색하고, 사회를 읽고, 사람을 읽어야 합니다. 하나님을 사랑하고 이웃을 사랑하는 삶을 위해, 성경의 가르침이 세상에 드러나기 위해 우리의 지적 게으름이 장애물이 되어선 안 됩니다. 세상이 참으로 어떻게 돌아가는지에 대한 정확하고 철저한 지식을 얻는 것을 포함해서 말입니다.[7] 성도의 삶과 신앙은 사적 영역에만 머무르지 않아야 하고, 세상에 의미 있는 교회가 되기 위해서는 읽어야 하며, 또 읽은 만큼 살아야 합니다. 영원한 하나님의 나라는 부지런히 하나님의 뜻을 기억하고 단련하는 자들에게 더 선명하게 드러날 것입니다.

| 성경 읽기

"내가 이를 때까지 읽는 것과 권하는 것과 가르치는 것에 전념하라"(딤전 4:13)

인간은 세상에 태어나고 자라면서 말을 하고 언어를 습득합니다. 활자로 된 텍스트를 읽을 수 있는 인간에게 가장 원초적인 것이 말이고 언어입니다. 거기에 지식을 추구하고 배움을 사랑하는 인간의 본성이 읽기에 불을 붙인 도화선이 되었습니다.[8] 단순히 아는 것이 아니라 보다 많이 알고자 하는 욕구가 처음부터 읽기의 열정을 일으켰습니다.[9] 이렇듯 읽기는 인간의 가장 보편적인 학습 활동이고 모든 교육의 기초입니다.

언어의 으뜸가는 본질은 기록이다. 말소리는 단지 언어의 일시적이고 불확실한 발현일 뿐이다. 신이 세계에 내려 준 것은 글이다. 아담이 동물에 처음으로 이름을 부여했을 때, 신은 단지 가시적이고 말없는 표지를 읽게 했을 뿐이다. 율법 역시 인간의 기억이 아닌 석판에 새겨졌다. 그리고 참된 말씀을 재발견해야 하는 것은 바로 책에서이다.[10]

하나님께서는 성경을 활자로 기록된 책으로 주셨습니다. 그리고 기록된 성경을 통해 우리에게 말씀하셨습니다. 우리는 성경을 읽음으로써 하나님의 음성을 듣고 하나님의 뜻을 알게 됩니다. 그래서 예로부터 기독교를 책의 종교라고 일컬었습니다. 기독교는 책과 문자를 매우 소중하게 생각하는 전통입니다.[11]

하지만 실제로 책을 꾸준히 읽는 성도는 대체 몇 명이나 될까요? 말씀의 종교라 하면서 성경을 읽지 않는 성도들이 여전히 많습니다. 하나님께서 말씀을 기록된 책으로 주셨으니, 하나님의 자녀라면 당연히 성경을 읽고 아버지의 뜻을 알고 아버지의 뜻대로 살아가야 합니다. 성도는 읽는 것에 익숙해야 하고 읽는 것을 소중히 여겨야 합니다. 성경에는 아버지의 사랑과 자비의 성품, 만물의 역사와 존재의 질서가 우리의 언어로 기록되어 있기 때문입니다.

성경 읽기는 인간에게 만물의 근원이신 하나님의 말씀을 이해하고 성찰하게 합니다. 성경을 읽을 때, 우리는 하나님과 활자로 된 텍스트 안에서 접속합니다. 즉, 하나님을 만나게 되는 것입니다. 접속한 그 시간과 공간에서 말씀은 우리의 감각과 생각과 인격을 자극합니다. 인격이신 말씀이 살아 움직이기 때문입니다. 이때 생각을 환기시키고 깨달음을 일으켜 지성과 감정과 의지가 발휘되고 말씀이 뼈에 새겨지는 놀라운 일이 일어납니다. 한 영혼의 삶을 송두리째 바꾸는 능력이 말씀을 읽을 때 일어나는 것입니다. 그래서 언어는 피부보다 더 신체적입니다.[12]

무언가를 읽을 때 그 안에 있는 텍스트하고 나의 신체 사이에 능동적 케미가 일어납니다.[13] 문자는 단지 물질 존재에 그치지 않고 몸으로, 언어로, 함께 살아가는 공동의 삶을 통하여 우리에게 '익숙한 의미'를 일깨워주고 상기시켜 주는 수단입니다.[14] 문자에 담긴 의미를 우리의 지성이 받아들이고 그 의미가 우리의 영혼을 움직입니다. 이 모두가 하나님께서 성경을 활자로 된 책으로 주신 이유가 아닐까요? 따라서 읽는다는 것은 매우 영적인 행위입니다.

성경에 담긴 문자는 어떤 것입니까? 성경은 문자의

옷을 입고 있지만 그럼에도 하나님의 영이 그 가운데 활동하기 때문에 죽은 문자가 아니라 "살아 있고 활력이 있는"(히 4:12) 말씀이 됩니다.[15] 성경을 읽는다는 것은 교회, 즉 성도의 정체성이자 본질입니다.

| 성도의 의무

우리는 성경을 읽고 묵상할 때 비로소 인격적인 하나님과 만나 교제합니다. 어떤 흔들리지는 않는 중심을 만들어주는 의미로서의 독서가 시작됩니다.[16] 우리가 무엇을 믿고, 어떤 사람이 되며, 무엇을 해야 하며, 그리고 어떻게 살다가 죽을 것인가를 성경을 읽음으로 알게 됩니다.

이렇게 성경을 따라가다가 우리는 결국 복음을 만나게 됩니다. 그렇습니다. 성도가 복음의 비밀한 지식을 알아가기 위해 가장 본질적이고 마땅히 행해야 할 의무가 있다면 그것은 바로 성경을 읽는 행위입니다. 경건한 삶을 위해 반드시 성경을 읽어야 합니다. 하나님의 말씀을 읽고 연구하는 것이야말로 성도의 삶에서 가장 중요한 일입니다. 제네바 교리문답에 이 내용이 잘 정리되어 있습니다.

304문. 우리의 신앙이 진보하기 위하여 성경 말씀을 열심히 읽고, 경청하며 깊이 생각해야 하지 않겠습니까?

답. 그렇습니다. 일상적으로 누구든지 성경 말씀과 더불어 살아야 하며, 이를 위하여 열심히 구원의 교리를 공부할 수 있는 성도의 모임에 참석해야 합니다.

305문. 함께 모여 일치된 구원의 교리를 경청하지 않고, 홀로 집에서 한다면, 당신은 이것만으로는 불충분하다고 생각하십니까?

답. 기회가 주어진다면, 함께 모여 성경 말씀을 공부해야 합니다.

진리를 실천하는 방법은 매우 단순합니다. 늘 성경을 읽는 것입니다. 혼자 있을 때, 그리고 함께 모였을 때 말씀을 읽고 묵상하고 서로 나누는 것입니다. 성도는 자녀로서 항상 아버지의 말씀을 듣고 이를 삶의 우선순위에 놓아야 합니다. 계시된 말씀을 펼쳐 읽기만 해도 우리는 이미 받은 복을 누리는 것입니다.

| 올바른 지성으로의 회복

하나님께서는 인간에게 이성(지성)을 주셔서 지식을 추구하고 그로 인해 더 나은 사람이 되게 하십니다. 그런데 우리는 종종 하나님께서 주신 이성으로 신앙을 오도하거나 무너뜨리기도 합니다. 하지만 이성에 대한 인간의 잘못된 사용과 무관하게, 이성은 창조주께서 인간에게 허락하신 좋은 선물입니다.[17] 자연적 이성이 피조 세계에서 불완전하게나마 여전히 그 기능을 하지만, 하나님께서는 성서로 (특별히 십계명과 그리스도의 두 계명으로) 인간의 이성을 바르게 인도하고 계십니다.[18]

> "그가 왕위에 오르거든 이 율법서의 등사본을 레위 사람 제사장 앞에서 책에 기록하여 평생에 자기 옆에 두고 읽어 그의 하나님 여호와 경외하기를 배우며 이 율법의 모든 말과 이 규례를 지켜 행할 것이라 그리하면 그의 마음이 그의 형제 위에 교만하지 아니하고 이 명령에서 좌로나 우로나 치우치지 아니하리니 이스라엘 중에서 그와 그의 자손이 왕위에 있는 날이 장구하리라"(신 17:18-20)

하나님께서는 말씀을 늘 곁에 가까이 두고, 읽고 묵상하기를 강조하셨습니다. 하나님의 말씀 안에서 영성과 지성이 올바른 조화를 이룰 수 있기 때문입니다. 인간에 대한 근원적인 질문과 삶의 의미에 대해 가르쳐주는 말씀 앞에 엎드릴 때 우리는 비로소 진정 살아 있는 생명이 됩니다. 성령과 진리 안에서 늘 말씀을 묵상하며 자기의 무지와 편견과 완고함과 불경건과 회의와 의심을 돌이키고 마음과 뜻과 힘과 목숨을 다해서 총체적인 신학의 길을 전력으로 질주해야 합니다.[19]

아우구스티누스가 위대한 신학자가 될 수 있었던 이유는 그의 강렬한 회심 체험과 암브로시우스를 통한 학문적 훈련이 균형 있게 조화를 이루었기 때문입니다. 이처럼 경험은 신학의 자료이지만, 신학은 거친 경험을 더욱 가치 있고 풍성하게 되도록 갈고닦아줍니다.[20]

무엇을 읽고 무엇을 듣는가에 따라 우리 자신을 만들어 갑니다. 어떤 이야기를 읽고 어떤 이야기를 듣는가, 무슨 책에 감동되고 누구를 닮아가고자 하는가가 나의 정체성을 형성합니다. 그러므로 무엇을 읽는지, 어떻게 읽는지가 중요합니다.[21]

| 예배와 섬김

성도의 가장 중요한 사명은 하나님을 예배하는 것입니다. 올바른 예배를 위해 성경과 더불어 좋은 경건도서들을 꾸준히 읽어야 합니다.

> 그리스도인의 모든 활동이 하나님을 예배하는 것이기에, 독서의 목적도 하나님을 예배하는 것입니다. 이것은 세상 모든 신앙서적의 궁극적인 목적입니다. … 사람이 하는 무슨 일이든 그 목적은 하나님을 예배하는 것이 되어야 합니다. 우리는 하나님을 높이기 위해, 찬양하기 위해 책을 읽습니다. 진리를 사랑하기 때문에 책을 읽고, 말씀을 더 깊이 이해하고 맛보기 위해 책을 읽습니다. 교회와 다른 신자들의 유익을 위해, 믿지 않는 사람들에게 전하기 위해 책을 읽습니다.[22]

또한 성도 한 사람의 올바른 묵상과 경건하고 다양한 독서는 개인은 물론 올바른 공동체를 세우기에 유익합니다. 공동체와 더불어 이웃을 잘 섬기기 위해서도 정확하고 균형 있는 지식이 반드시 필요합니다. 칼빈은 여러분에게 능력이 있고 기회도 있는데 이웃의 안전을 보살피는 노력을 하지 않는다면, 이 역시 마찬가지로 사악하게 율법을 범하는 것이라고 했습니다.[23] 이웃에게 무관심하고, 인색하고, 그들의 부탁을 거절하고, 그들의 필요를 외면하는 것이야말로 하나님의 율법을 기만하는 것입니다. 교회는 성도들에게 좋은 경건도서를 소개하고 널리 읽힐 필요가 있습니다.

그리스도인들은 자신의 영적 성장, 영적 유익을 위해서만 책을 읽어 오지 않았습니다. 혹 처음은 그렇게 시작했다 하더라도 결국 모든 그리스도인은 그리스도께서 자기 피를 주고 사신 교회를 위해 책을 읽었습니다. 하나님의 나라와 교회를 섬기기 위해, 사랑하기에 책을 읽었습니다. 우리의 이웃을 우리의 몸과 같이 사랑하기 위해, 이웃들을 잘 이해하고 돕기 위해 책을 읽었습니다.[24]

저도 처음에는 개인의 질문과 영적인 갈급함으로 책을 읽었습니다. 하지만 책을 읽을수록 개인의 지적 충족이나 지식의 축적이 우선되지 않았습니다. 어떻게 하면 진리의 세계를 교회의 지체들과 이웃들과 나눌 수 있을까 고민하고 기도하면서 책을 읽었습니다.

하나님께서 우리에게 주신 선물들은 공동체를 위해 쓰여야 합니다. 우린 조건 없이 받았기에 조건 없이 나누어 주어야 합니다. 우리에게 아무 조건 없이 주신 것을 우리가 다른 이들에게 주면 하나님께서 우리에게 다시 가장 풍성한 보상을 주십니다.[25] 이것이 모든 사람이 책을 읽는 이유요 목적이 됩니다. 우리가 지식을 획득했으면 그것이 공공의 선을 위해 유용하게 쓰이도록 해야 합니다.[26] 성도의 아름다운 신앙생활은 개인의 만족에만 있는 것이 아니라 다른 사람들의 유익에 있기 때문입니다.

내가 마주하는 타인, 더 나아가 내가 직접 마주하지 못하는 제 삼자로서의 인간들의 삶을 염려하는 데까지 나아간다면 좋겠습니다.[27] 모든 성도의 삶은 인생의 근본이신 하나님을 예배하고, 이웃의 삶을 공감하고, 이해하고 사랑하고 섬기는 데에 있습니다. 읽기의 여정은 이곳까지 도달해야 합니다.

참된 복음과 다른 복음을 분별할 수 있는 안목을 키우는 것도 놓쳐서는 안 됩니다. 교회에 잘못된 지식이 들어와 복음이 훼손되면 예배가 흔들리고 공동체가 허물어지기도 합니다. 한 영혼의 왜곡된 지식과 교만과 사상이 얼마나 유해한지 반드시 기억하고, 다른 복음이 틈타지 않도록 늘 경계하고 조심해야 합니다. 그러므로 성도는 자신이 믿는 복음의 내용을 열심히 공부해야 합니다.

안전하고 검증된 책들을 늘 읽으면서 영적, 지적 내공을 쌓아가야 합니다. 이 모두가 하나님을 올바르게 예배하고 이웃을 올바르게 섬기기 위해서입니다.

| 고전 : 역사적 신앙을 공유하다

우리에게는 수많은 믿음의 선배들이 남긴 유산이 있습니다. 기록된 책으로 전해오는 이 유산들을 열심히 찾아 읽고 공부해야 합니다. 성도는 믿음의 선배들을 통해서 일하시는 하나님의 열심을 외면하지 말아야 합니다. 하나님을 아는 지식의 보고를 즐겨 읽고, 나누고 실천하는 데에 전심전력해야 합니다. 검증된 고전을 읽으면서 기독교 신앙의 전통을 공유하는 것은 결국 보편교회의 신앙을 공유하는 것입니다.

이들의 설교와 다양한 신앙의(신학적) 통찰들이 기록된 책으로 존재합니다. 무턱대고 성경만 많이 읽는다고 되는 것이 아닙니다. 성경의 모든 내용을 혼자서 통찰할 수는 없습니다. 그렇기 때문에 신앙의 내용을 종합적이고 체계적으로 정리해놓은 책과 경건의 본을 기록해놓은 책을 읽어야 합니다. 그 책들이 우리의 삶과 신앙을 구체적이고 능동적으로 이끌어 줄 것입니다.

　　믿음의 내용을 바르게 알지 못하면 우리의 신앙은 계속해서 추상적이고 맹목적인 신앙이 되어가고 맙니다. 신앙은 구체적이고 지속적이어야 합니다. 내용이 없는 신앙은 한없이 지루하고 허망한 신앙입니다. 타성에 젖은 신앙으로부터 벗어나는 방법은 끊임없이 사고하고 행동하는 것입니다. 부지런히 읽고 사고하고 실천하는 것이야말로 역동적인 신앙생활의 지름길입니다.

　　하나님께서는 교회의 역사 속에 열정적인 말씀의 증인으로 탁월한 설교자들을 보내 주셨습니다. 그들의 설교가 여전히 책으로 존재하기 때문에, 우리는 그런 책을 통해 말씀의 은혜와 구별된 삶을 잘 배울 수 있습니다. 믿음의 선배들도 그들보다 앞선 선배들의 책을 읽고 신앙의 진보를 경험했습니다. 우리도 마찬가지입니다. 앞서 가신 분들의 끊임없는 수고와 사랑의 결과물들이 계속해서 읽혀야 합니다.

　　옛날의 이런저런 위대한 작가를 논평한 책이 나오면 독자는 그런 책을 읽지, 그 작가의 저술 자체는 읽지 않는다. 독자는 단지 새로 나온 책만을 읽으려 한다. ... 멍청

79
◆

한 독자는 새로 나온 신간이라면 그런 가련한 자의 보잘 것 없는 잡담을 읽으면서도, 위대한 정신의 소유자가 쓴 책은 책꽂이에 고이 모셔 둔다. 모든 시대와 모든 나라에서 배출된 온갖 종류의 더없이 고귀하고 극히 드문 정신의 소유자가 쓴 작품을 읽지 않고 방치하는 독자의 어리석음과 불합리함은 도저히 믿을 수 없을 정도이다.[28]

그런데 오랜 세월 세대를 이어가며 전해오는 고전을 소홀히 여기는 요즘의 분위기가 안타깝습니다. 독서의 참된 효용 가치는 좋은 고전을 읽는 것에서 온다 해도 과언이 아닙니다. C.S. 루이스는 좋은 독서의 유일한 안전책은 검증된 기독교 핵심을 기준으로 해당 쟁점을 전체 시각에서 보는 것이고, 그런 기준은 고서에서만 얻을 수 있다고 말했습니다. 중간에 고서를 하나 읽지 않았다면 절대로 신서와 신서를 연달아 읽지 않는 것이 좋다고까지 말합니다.[29] 고전의 중요성을 명심해야겠습니다.

하나님이 창조하신 세계와 인간 존재에 대한 근원을 탐구하는 일은 그 깊이와 넓이를 가늠하기 어렵습니다. 진리의 유익을 누리기 위해선 일평생을 책의 바다에서 헤엄쳐야 할 것 같습니다. 쉽진 않겠지만 수많은 책을 통해, 특별히 고전을 통해 이 일에 도전해볼 수 있습니다.

고전은 어떤 시대의 사상이나 문제에도 적용이 가능하다고 생각합니다. 오랜 역사 속 수많은 사상의 변화 가운데서도 살아남았기 때문입니다.

고전의 바다에서 헤엄치며, 옛 어른들의 깊은 사유를 예사롭게 넘기지 않아야겠습니다. 옛 어른들에게 책을 읽어야 하는 까닭은 많은 도리들을 아직 경험하여 알지 못했기 때문이었습니다.[30] 성인은 많은 도리를 경험하여 알았기 때문에 책에 써서 사람들이 다 볼 수 있게 하였습니다.[31] 지금 책을 읽는 것은 오로지 많은 도리를 알려는 것일 뿐입니다.[32]

교회의 역사와 사상과 흐름을 읽으면서 지금의 우리가 있기까지의 과정을 살펴봅시다. 믿음의 선배들이 보인 희생과 노력을 읽고 나면 감사가 넘치고 우리의 신앙이 자랑스러워질 것입니다. 이를 우리가 사는 시대에 어떻게 계승하고 적용하며 발전시켜나갈지 늘 고민합시다. 더불어 다음 세대에게 어떠한 신앙의 유산을 이렇게 전해야할지도 함께 고민합시다. 기독교 고전에 담긴 선배들의 지혜는 언제나 신앙에 큰 도움이 됩니다.

| 창조 세계를 이해하다

독서를 통해 하나님이 만드신 세계와 인간에 대한 이해와 삶의 가치에 대해 계속해서 배워야 합니다. 하나님이 창조하신 세계가 참으로 방대하고, 우리가 살아가는 세상이 워낙 복잡하고 다양하기 때문입니다. 또한 세상의 만물과 만사는 창조와 구원 역사 가운데 어디에 놓이느냐에 따라 의미가 달라지기 때문입니다.[33] 세상이라는 콘텍스트를 타인의 통찰을 통해서라도 읽어야 합니다. 자기가 있는 곳에서 경험한 것이 전부가 아니며, 자기가 아는 것이 전부 옳지 않음을 늘 돌아봐야 합니다. 과거의 낡은 사고에서 벗어나 급변하는 시대를 읽고 고찰할 수 있어야 합니다.

글자가 기호라면 글은 상징이다. 글자를 읽는 것과 글을 읽는 것은 다른 차원에 있다. 저자도, 독자도 궁극적으로 목표하는 것은 글자가 아닌 글을 읽는 것, 상징을 이해하는 것이다. 그러기 위해서는 텍스트가 기대고 있는 콘텍스트를 읽을 수 있어야 한다. 텍스트에만 집중하면 자칫 오독이 나올 수 있다. 대표적으로 성경을 비롯한 경전 등이 그러하다.[34]

인문, 철학, 예술, 사회, 문화, 심리 등 다양한 분야의 책들을 통해 세상과 인간을 이해하고 공감하고 소통할 수 있어야 합니다. 다양한 사람들의 생각과 각양각색의 삶의 모습을 보고 세상이 얼마나 다양하고 다채로운지 알아야 합니다. 한편 그들에 대해 함부로 생각하고 말하고 표현하지 않아야 합니다. 그리스도인이 자칫 잘못된 망언을 일삼는 이유는 우리만의 세계와 좁은 지식 안에 갇혀 있기 때문입니다.

여러 분야의 책을 읽다 보면, 오히려 한 분야만 공부한 전공자보다 더 깊게 더 많이 알게 된다. 개인이 축적한 지식의 양 때문이 아니다. 이는 구조적으로 당연한 일인데, 여러 학문을 두루 접하면 지식의 전제와 지식이 구성되는 역사적 과정을 알게 되기 때문이다.[35]

다양한 주제의 책을 읽다 보면 우리가 미처 알지 못했던 일들과 새로운 사실들을 볼 수 있습니다. 하나님을 아는 지식만큼 인간을 아는 지식도 얼마나 중요한지 알아야 합니다. 세상과 우리 모두를 올바르게 알기 위해 노력해야 합니다. 신자에게 세상은 피해야 할 대상이 아니라 서로 존중하고 소통해야 할 이웃입니다. 이웃의 문제를 외면하지 않고 적극적으로 알고 나누어야 합니다.

적극적인 독서를 통해 다양한 세계를 알아가고, 각자 삶의 형편 안에서 이웃에 대한 도리를 다하면 좋겠습니다. 고립되고 단절된 특권층의 문화가 아니라, 인문학적 시선으로 사람들을 바라보고, 부당함에 대해 분노하면서도 사람들의 고통을 공감하고, 따뜻한 손길을 내미는 것이야말로 그리스도인들이 세상에서 드러내야 할 정체성입니다.[36]

삶에는 다양한 영역이 있습니다. 책을 통해 그 안에 있는 무수히 많은 인생의 이야기들을 발견할 수 있습니다. 그렇게 우리가 살아가는 세상의 문제들 안에서 우리의 현주소를 봅니다. 기쁨과 슬픔, 전쟁과 평화, 사랑과 복수, 폭력과 차별, 배제와 혐오, 가난과 소외 등 일일이 열거할 수 없는 수많은 문제들을 보고 듣고 겪습니다. 우리는 책을 통해서라도 다른 사람들의 이러한 경험과 생각을 읽고 문제의식을 같이 공유해야 합니다. 옳고 그름을 분별하고 때로는 균형을 놓치지 않기 위해 우리의 사고는 더욱 유연해지고 확장되어야 합니다. 우리가 사는 사회에 대해 아는 것이 먼저입니다.[37]

이처럼 사회의 다양한 현상과 문제에 대해 알고자 노력해야 합니다. 불의에 저항하고 정의를 지지하고 거기에 적극 협력해야 합니다. 이웃의 삶에 공감하고 함께 기뻐하고 함께 아파하고 위로하고 섬길 수 있어야 합니다. 교회가 세상을 위하여 구별되는 것이 아니라, 세상으로부터 떨어져 나와 스스로를 고립된 존재로 내버려 두어서는 안 됩니다.[38]

그러므로 늘 다양한 책을 읽고 이웃의 삶을 함께 고민하는 것이 정말 중요합니다. 건강하고 의식 있는 시민으로 사는 것도 그리스도인의 의무이기 때문입니다. 신자는 교회 안에서만 머물지 말고 보다 적극적으로 우리 사회를 관찰하고 어떤 모양으로도 기여할 수 있도록 노력해야 합니다. 늘 다양한 책을 통해 교회 바깥의 목소리에도 귀 기울여야 합니다.

건물 안에서는 건물을 볼 수 없다. 즉 피사체, 문제 대상(사회)을 자신과 동일시하거나 그 안에 있으면 자신을 알 수 없다. 교회의 문제점은 교회 안에서는 볼 수 없다. 학교도 마찬가지다. 외부에서만 보인다. 사회 밖, 틀 밖, 궤도 밖에 서 있는 연습이 필요하다.[39]

책을 읽는 이유는 여러 가지가 있지만 가장 큰 이유는
좀 더 나은 인간이 되기 위해서일 겁니다. 부족한 지식
과 모자란 경험을 채우고 자신을 조금이라도 개선할 요
량이 있기에 책을 읽고 배우는 것이지요.[40]

사람에게는 자기를 점검하고 반성하고 성찰하는 시
간이 필요합니다. 성찰이란 자기가 어떻게 인식하는지를
인식하게 되는 과정이고 자기 자신을 되돌아보는 행위입
니다.[41] 이것은 눈먼 자신을 깨닫고 나아가 다른 사람들
의 인식과 확신도 마찬가지로 굳고 드세지만 결코 확실
하지 않음을 깨닫는 유일한 순간입니다.[42]

책을 읽는 이유는 그것이 자기를 깊이 돌아보고 점검
하고 성찰하는 계기가 되기 때문입니다. 그만큼 책은 자
기의 내면 깊숙한 곳까지 생각이 닿을 수 있도록 돕는
좋은 도구입니다. 돌아보면 저도 제 자신과 정면으로 마
주했던 시간이 책을 탐독하기 시작할 무렵부터였습니다.
글을 읽으면서 제가 얼마나 자신에 대해 무지한지 깨달
았습니다. 내가 욕망하는 것이 무엇인지, 얼마나 무지한
지, 얼마나 교만한지, 얼마나 시간을 방만하게 사용했는

지 등을 돌아보며 독서가 활력 넘치는 삶으로 인도하는 얼마나 중요한 도구인지를 절감했습니다.

책을 읽는다는 것은 이런 것도 모르는 자신을 발견하는 것, 즉 자신을 객관적으로 바라보는 행위입니다.[43] 이를 '자기상대화'라고 합니다. 안다는 것은 그것을 모르던 자신을 보는 새로운 시선이 자신 안에 생겨나는 것입니다.[44] 자기상대화가 될 때 자기를 제대로 점검하고 성찰할 수 있습니다. 이는 책이 주는 중요한 유익입니다.

자기성찰은 기쁨이나 만족보다 불만과 괴로움을 주기 쉽습니다. ... 자신이 어떤 인간이고 무슨 짓을 하는지 모르는 사람처럼 주위를 괴롭히는 사람은 없습니다. 반성을 안 하니 같은 잘못을 되풀이하고 그러면서도 자신의 잘못을 모르니 말입니다. 나를 아는 것, 나의 무지를 깨닫는 것보다 더 큰 앎은 없습니다.[45]

평생 한 번도 자기를 돌아보지 않은 삶이라면 심각합니다. 우리 모두는 자기 삶의 연구자가 되어야 합니다.[46] 그렇지 않으면 우리가 연구 대상이 됩니다. 자기에 대해 깨닫고 더 나아질 수 없다는 것입니다. 우리는 자신을 돌아보아야 하고 스스로에게 물어야 합니다. 나는 어떤 인간이며 어떻게 살고 있느냐고 말이죠. 내가 누구인지 아는 것은 나 자신의 성숙을 위해서는 물론이요, 다른 사람들과 더불어 살기 위해 꼭 해야 하는 과제입니다.[47] 그리스도인은 자기 마음 가는 대로 살아가선 안 됩니다. 늘 자기 존재와 삶을 해석하는 부단한 연습이 필요합니다.

필립 네모가 에마뉘엘 레비나스에게 '사유는 어떻게 사유합니까'라고 질문했습니다. 레비나스의 대답은 '책을 ― 꼭 철학책이 아니라도 ― 읽으면서부터 사유를 불러일으키는 물음이 되고 문제가 되지요'라고 대답했습니다.[48] 그러면서 덧붙이기를 '책은 정보의 원천이나 배움의 도구, 교과서로 여겨지기도 하는데, 인간은 이러한 책을 존재론적으로도 참조합니다'라고 했습니다.[49] 책은 존재론적 질문으로 사용되기도 하고 삶의 '여러 가지 경험을 복합적으로 단번에 해결할 수 있는 거의 유일한 매체'입니다.

경건을 훈련하는 기독지성인에게 독서는 성찰과 성숙을 위해 반드시 필요한 요소입니다. 다양한 책을 통해 인생을 깊이 사유하는 경험은 훌륭한 은혜의 통로입니다. 그러므로 성도들은 성경 이외에도 다양한 책들을 골고루 읽어야 합니다. 하나님의 자기소개라 할 수 있는 성서, 믿음의 선배와 공동체의 지혜가 응축된 전통, 진리의 신뢰도와 정확성을 점검하는 이성, 그리고 하나님과의 만남이자 삶의 과정을 통해 형성된 경험이라는 이 모든 요소들이 우리 안에서 조화를 이루어야 합니다.[50]

| 재능의 발견

자유롭고 깊이 있는 독서를 통해 자기만의 고유한 은사(재능)를 발견할 수 있습니다. 독서의 묘미는 한 권의 책이 아닌 다양한 책을 읽고 전혀 몰랐던 새로운 내용을 알게 되는 것에 있습니다. 새로운 것에 호기심이 생기면 더 깊이 알고 싶어지고 그와 관련된 여러 책을 찾아 읽게 됩니다. 평소 관심 있던 주제라면 그 주제와 연결되는 책들을 찾아 읽기도 합니다. 관심 주제가 많아질수록 그것이 적극적인 독서로 이어지고 그에 대한 통찰력도 생깁니다. 비슷한 주제로 계속 꼬리를 무는 독서를 하다 보면 전혀 다른 주제로까지 확장됩니다. 책을 고르는 선택의 폭이 넓어지고 다양한 저자들을 만나면서 다양한 간접 경험이 쌓이다 보면 자기만의 새로운 흥미와 잠재력을 발견하게 됩니다.

이러한 과정을 거듭하다 보면, 어떤 책을 좋아하고 흥미를 느끼는지, 어떤 책을 읽을 때 가장 즐겁고 많은 성과가 나타나는지, 어떤 주제에 마음이 끌리는지, 어떤 이야기에 마음의 부담이 생기는지 등을 느끼게 됩니다. 관심 가는 것을 추적하다 보면 개인의 취향이 생기고 자기만의 고유한 소질을 발견하게 됩니다. 그것이 하나님께서 각 사람에게 태생부터 주신 성품이나 재능일 수도 있고, 점진적으로 다듬어져가는 은혜의 모양일 수도 있습니다.

하나님께서는 꼭 특별한 것이 아니더라도 각자 고유한 존재답게 고유한 은혜를 주십니다. 세상의 것에는 한계가 있지만 하나님이 주시는 것에는 한계가 없습니다.

너만이 연주하도록 신이 네게 준 악보는 어디 있는가? 인간은 태어나면서부터 이생을 살아가는 동안 연주해야 할 악보를 지니고 세상에 나오는지도 모릅니다. 혹자는 그걸 체념 섞인 '운명'이라고도 할 수 있을지 모르지만, 저는 '사명'이라고 부르고 싶습니다. 이생으로 올 때, '맡겨진 임무' 같은 것이지요.[51]

자기만이 연주하도록 신이 준 악보가 무엇인지를 찾

아야 합니다. 이를 뒷받침해줄 수 있는 도구가 책입니다. 자녀들에게 어려서부터 적극적인 독서를 권장하는 이유도 바로 여기에 있습니다. 독서는 하나님이 각 사람에게 주신 고유한 은사를 발견하여 거룩한 소명을 찾아가도록 도와주는 훌륭한 수단입니다.

종종 하나님께서 각 사람에게 주신 달란트를 땅에 묻어 두고 오히려 불평하는 사람들을 봅니다. 혹시라도 자기가 게으르고 의지가 박약해서 찾지 못하는지도 돌아볼 일입니다. 자기 탐색을 위한 여러 가지 방편은 많지만 그 가운데 책만 한 것이 없습니다.

은사는 하나님 나라 백성으로서 하나님 나라를 확장하는 데에 사용하는 탁월한 능력입니다. 복음의 비밀한 경륜을 이 땅 모든 사람들에게 선포하고 증언하고 가르치고 노래하고 표현하는 각양각색의 은혜입니다. 경건하고 자유로운 독서를 즐겨할수록 어떻게 하면 하나님께서 내게 주신 시간과 자원과 은사를 하나님 나라에 기여할 수 있을지 고민하게 됩니다. 누군가를 사랑하게 되면 매일매일 생각나고, 무엇이라도 해주고 싶어 온갖 상상력이 동원되면서 다양하고 창의적인 아이디어들이 떠오르는 것과 같은 이치입니다.

하나님께서는 신자의 영혼 깊숙한 곳에서 잠자고 있던 잠재력을 끄집어내어 사용하십니다. 이미 우리를 만드실 때 우리 속에 넣어주신 고유성입니다. 은사는 대체 불가능한 것입니다. 자기 외에 다른 사람이 대신할 수 없는 것입니다. 소명이란, 하나님이 우리를 너무나 결정적으로 부르셨기에, 그분의 소환에 응답하여 우리의 모든 존재, 우리의 모든 행위, 우리의 모든 소유가 헌신적이고 역동적으로 그분을 섬기는 데 투자된다는 진리입니다.[52] 우리의 은사와 기회를 배가시켜 하나님께 영광을 돌리고 세상에 가치를 더해주는 것입니다.[53] 그 부르심에 응답하는 것이야말로 인생의 목적과 성취에 도달하는 길입니다.[54]

개인의 독서가 빛을 발하기 시작할 때면 하나님을 기쁘시게 하는 데 총력을 기울이는 사람으로 변화되어 갑니다. 한 영혼의 진가는 하나님의 선물, 즉 고유한 은사가 발휘될 때 나타납니다. 하나님 나라를 위해 자신의 은사를 적극적이고 구체적으로 활용할 때 삶이 가장 만족합니다.

이후에 자세히 언급하겠지만, 책을 읽어가며 독서모임을 하고 싶은 마음이 계속 커져갔습니다. 책을 통해서 하나님을 만났다고 해도 과언이 아니기에, 다른 사람들에게 어떻게 성경을 읽힐까, 역사 속의 위대한 어른들을 어떻게 소개할까 늘 궁리했습니다. 사람들에게 책을 읽힐 수 있을지에 대한 고민이 떠나질 않았습니다. 독서의 기쁨과 유익을 어떻게 나눌까, 어디에서 모일까, 어떤 방법으로 함께할까 매일 고민하고 그것을 위해 기도했습니다. 살면서 이보다 더 많이 기도하고 간절했던 적이 있을까 싶을 정도였습니다.

책을 읽지 않는 사람들만 봐도 너무 안타까웠습니다. 그냥 지나칠 수 없어서 만나면 책을 사주고, 밥을 사면서 책을 읽도록 격려하고 도왔습니다. 조금이라도 관심을 보이면 집에 초대해서 함께 읽고 서로 나누기를 반복했습니다. 그러다 보니 어느 순간 두세 사람이 모여서 독서모임을 시작하고 있었습니다.

그렇게 시작된 모임에 참여하는 사람들이 계속 늘어났고, 책을 읽고 난 사람들에게서 변화의 목소리가 들리기 시작했습니다. 성경을 읽지 않던 사람이 성경을 가까이하게 되었고, 책과 멀리 지내던 사람이 책과 친해졌습니다. 늘 교회에 대해 삐딱하고 냉소적이었던 분이 말씀을 바로 알게 되면서 자기 신앙을 고백하기 시작했습니다. 늘 우울하고 불만이 많던 사람은 책을 읽으면서 마음의 위로와 회복을 경험했습니다. 저뿐만 아니라 저와 함께한 많은 사람들이 책 읽는 공동체가 주는 유익과 행복을 경험했습니다.

모임이 계속 많아지면서 집은 늘 사람들로 북적거렸지만 전혀 힘들지 않았습니다. 그때 알았습니다. '아, 내가 이런 모임을 원했던 것이구나', '독서모임을 내가 즐거워하고 하나님이 기뻐하시는구나', '내가 할 수 있어 감사하고 보람차다'라고 말이죠. 나날이 성장하는 사람들의 모습을 보면서 이 일을 남은 생애를 바쳐야 할 소명으로 여기게 되었습니다. 독서는 제게 소명이 되었습니다.

| 취향으로서의 독서

개인의 주된 취향을 누릴 수 있는 '즐거운 책읽기'는 삶의 정서를 더욱 풍요롭게 합니다. 누구나 자기만의 흥미를 느끼는 분야가 있을 것입니다. 은사가 타인의 유익에 더 집중한다면 취향은 다분히 개인적입니다. 개인의 취향과 연결된 읽기를 통해 그 사람의 독서는 더욱 즐겁고 풍성해질 수 있습니다.

저마다 일상에서 활력을 주는 취미가 있듯이, 특별히 자신만의 정신세계를 윤택하게 만들어주는 주제들이 있습니다. 어떤 사람은 정치, 경제 같은 분야가 유난히 흥미로울 수 있습니다. 저 같은 경우는 인문, 철학, 사회학이나 책을 매개로 한 다양한 이야기들에서 새로운 사실과 개념과 원리를 배우고, 타인의 경험을 읽고 공감할 때 존재의 충만과 희열을 느끼곤 합니다. 요즘은 문학과 인물의 인터뷰 시리즈를 부지런히 읽고 있습니다.

취향은 자기를 확인하는 가장 중요한 수단이라고 합니다. 문학, 영화, 운동, 미술, 음악 등 다양한 취향의 세계가 있습니다. 취향은 자기만의 관심과 애정이 일어나는 분야에 집중하기에 몰입도와 성취도 모두 높습니다. 은사가 이타적인 일에 주로 사용되는 반면에, 취향은 자기만의 고유세계를 향유하도록 하나님께서 주신 선물입니다. 각자 자기를 변화시킨 인생 책이 다르고 선호하는 저자가 다른 것을 보면 누구나 저마다의 고유한 감흥의 포인트가 있는 깃 같습니다.

취향의 독서는 그 분야에 대한 앎의 의지를 불붙듯 일으킵니다. 앎을 향한 열망과 배움의 즐거움은 끝이 없습니다. 또한 내가 살아 있고, 내가 온전히 나로 존재함을 느끼게 해줍니다. 제게 독서라는 취향은 정말 매력적입니다. 죽을 때까지 못 읽을 책이 도처에 넘쳐난다는 것만으로도 매일이 설레고 책에 대한 구매욕이 용솟음칩니다. 홀로 즐길 수 있는 독서의 크나큰 기쁨을 놓을 이유가 없습니다. 저는 이렇게 독서할 때 가장 자유롭고 행복해집니다.

> 내게 앎 없이 삶은 없다. 앎이 삶이고 삶이 곧 앎이다. 그러니 내게 읽기 없는 삶 또한 있을 수 없다. 그건 당연한 일이다. 읽음이 앎이다. 앎은 삶이다. 그렇다면 읽기가 삶이고, 삶이 읽기이다. 이건 자명한 일이다. 배워서 알게 되고 알아서 살게 되는 이치 또한 명백하고, 읽기 없는 배움이 없을진대, 읽기는 배움과 앎과 삶의 주춧돌이고 선봉장이다.[55]

　삶과 앎과 읽기는 동일선상에 있습니다. 책에는 글쓴이의 숨과 고뇌와 상상과 열정과 통찰이 담겨 있습니다. 저는 책에서 활력을 얻고 그때 저의 생명력이 발휘됩니다. 그래서 책은 친구요, 선생님이요, 동반자입니다.

> 나의 책은 바다 기운을 양념 삼고 산의 정기를 고명 삼아 내 영혼 깊숙이 스며든다. 그러면 문득 눈으로만 읽는 게

아니란 사실을 깨닫는다. 맛있는 음식보다는 차를 마시듯
들이켜 삼킨다. 마음으로 삼키는 독서를 향유하다니![56]

눈과 머리로만 책을 읽는 것이 아니라 마음으로 삼키
는, 영혼 깊숙이 스며드는 독서는 얼마나 황홀할까요?
저는 언제나 그러한 독서를 꿈꿉니다.

3장
:
어떤 저자들의 책을
어떻게 읽었는가

"하나님의 말씀은 살아 있고 활력이 있어 좌우에 날선 어떤 검보다도 예리하여 혼과 영과 및 관절과 골수를 찔러 쪼개기까지 하며 또 마음의 생각과 뜻을 판단하나니"(히 4:12)

명료한 진리가 감정에 불을 붙인다.

| 존 파이퍼, 『존 파이퍼의 생각하라』, 전의우 역 (서울:IVP, 2011), 40

| 믿음의 선배

세상을 살아가면서 만나는 다양한 사람들과의 인연은
참 소중합니다. 마찬가지로 책 속에서 여러 믿음의 선배
들을 만나는 것도 참 각별합니다. 하나님께 자신을 드리
기를 주저하지 않았던 신앙의 어른들을 만나는 것은 커
다란 축복입니다. 그분들의 삶과 신앙 안에서 진리를 향
한 사유와 순종과 열정을 배우고 도전받기 때문입니다.

인생에서 무엇 하나 아무 의미 없이 일어나는 일이 없
듯이, 책 한권을 통해 만나는 저자들 역시 어느 한순간도
저에게 무의미했던 적이 없었습니다. 또한 각 사람의 인

생을 주관하시고 때마다 일마다 가장 적절한 것이 무엇인지 아시는 하나님께선 책을 통해 저를 인도하셨습니다.

믿음의 선배들이 기록한 책들은 한 사람의 영혼을 회복시키는데 특별한 도구로 사용됩니다. 하나님께서 성경을 활자로 쓰인 책으로 주신 것처럼 말입니다. 하나님을 아는 지식을 통해 지혜를 얻고, 이를 섬김과 나눔으로 실천하며 살았던 믿음의 선배들의 글을 읽으면 무한한 감동과 도전을 받을 수 있습니다.

| 박영선

열정적인 독서에 푹 빠져들게 되면서 박영선 목사님의 책들을 만났습니다. 성경적인 책이나 저자를 구별하는 눈이 아직 부족할 때, 우연히 어느 기독교 방송에서 박목사님의 설교를 들었습니다. 어떤 주제였는지는 정확히 기억나지 않지만 그때 그 설교는 굉장히 인상 깊었습니다. 교회 목사님께 말씀드렸더니, 박영선 목사님의 『하나님의 열심』을 추천해주시면서 한 저자의 전작 독서를 제안하셨습니다. 그때까지만 해도 저의 독서가 매우 산만했던 것을 아셨던 겁니다.

『하나님의 열심』을 읽으면서 그동안의 삶은 내가 선택하고 이룬 것이 아니라, 나보다 나를 더 잘 아시는 하나님의 열심이었음을 깨달았습니다. 또한 하나님의 열심이 저를 부르시고 현재에도 장래에도 저를 세밀하게 인도하실 것이라고 믿게 되었습니다.

『구원 그 즉각성과 점진성』, 『구원 그 이후』, 『믿음의 본질』과 『성화의 신비』까지 연달아 읽었습니다. 하나님께서는 책마다 놀라운 은혜를 주셨습니다. 무엇보다 본문에 집중하고 말씀을 명확히 이해하는 데 큰 도움을 받았습니다. 처음 독서할 때는 번역서들을 읽느라 어려움이 많았습니다. 한국 저자들에 대한 정보와 이해도 적었습니다. 굳이 읽지 않아도 되는 책들을 읽는 시행착오를 겪었습니다. 성도에게 독서 지도가 얼마나 중요한지 그때 알게 되었습니다.

『믿음의 본질』을 읽을 때는 정확한 이해를 위해 책여백에 그림을 그려 가면서 읽었습니다. 『성화의 신비』를 통해서는 신자의 삶과 신앙이 계속해서 점진적으로 성장하고 성숙해간다는 위로와 도전을 받았습니다. 이 책들을 통해 얻는 기쁨이 참으로 컸습니다. 목사님의 책을 읽을수록 점점 더 성경이 읽고 싶어졌습니다.

박 목사님의 책들을 읽으면서 무작정 성경을 읽고 제 멋대로 해석하는 것이 위험할 수 있음을 배웠습니다. 성경 해석과 적용의 중요성을 배우며 교회에 좋은 교사가 왜 필요한지도 알게 되었습니다. 그것이 계기가 되어, 이후에 다른 믿음의 선배들의 좋은 성경 강해서도 읽기 시작했습니다. 메튜 헨리, 찰스 스펄전과 같은 분들의 강해서를 한 권씩 모으면서 틈나는 대로 읽어갔습니다.

강해서는 성경을 읽을 때 본문에 대한 해석과 적용을 도와줍니다. 같은 본문을 다양한 저자의 글로 접하는 것은 성경 본문의 배경을 다각도로 살펴볼 수 있고 다양한 관점과 적용들을 보게 되므로 성경을 이해하는데 큰 도움이 되는 것입니다. 덕분에 제가 성경과 더 빨리 가까워질 수 있었습니다. 물론 여러 강해서들을 읽는 독서 그 자체만으로도 좋습니다.

하지만 이러한 방법은 본문 해석을 저자의 묵상과 적용에 의존하게 되는 맹점이 있습니다. 그래서 저는 강해서를 즐겨 읽되 반드시 스스로 성경을 읽고 저만의 묵상을 놓치지 않으려고 노력했습니다. 여전히 저는 강해서를 읽는 것이 즐겁고 행복합니다.

한편 책을 읽으면서 목사님께 질문도 참 많이 했습니다. 읽을수록 무엇인가 관념적인 사고에만 갇혀 있는 것 같았기 때문입니다. 은혜는 되지만 말씀이 현실 신앙에 와닿지 못하는 것 같았습니다. '관념에만 머무르는 신앙이 되면 어쩌지' 하는 생각에 초조하고 답답했습니다. 좀 더 뚜렷한 이해와 경험이 갈급했습니다. 말씀이 제 안에서 실존한다는 것을 확인받고 싶었습니다.

| 마틴 로이드 존스

그런 저에게 목사님은 마틴 로이드 존스의 책들을 차례대로 읽어볼 것을 권했습니다. 박영선 목사님의 전작 독서를 목표로 했던 것처럼, 마틴 로이드 존스 목사님의 책도 열심히 읽으며 그분의 성경 해석과 사상 등을 눈여겨보라고 했습니다. 그렇게 『복음이란 무엇인가』, 『십자가』, 『영적 침체』, 『산상 설교집』 등을 차례대로 읽어갔습니다.

『영적 침체』를 읽으면서는 저의 신앙과 내면의 모습을 점검했습니다. 성도가 그리스도 안에서 참된 자유와 기쁨을 누리지 못하면 그의 영혼은 깊은 침체와 고통의 늪에 빠진다는 것을 알게 되었습니다. 저는 목사님의 예리한 통찰과 열정적인 설교 앞에 납작 엎드렸습니다. 영혼을 향한 안타까움과 간절한 호소가 마치 저의 더러운 죄를 정확히 찾아내어 치료하는 것 같았습니다.

또한 성도의 영적 건강과 성장은 세상의 그 어떤 것으로도 불가능하다는 것을 깨달았습니다. 오직 말씀을 꾸준히 먹고 자라가는 성도만이 신앙의 침체를 겪지 않고 성실하게 성장할 수 있다는 것입니다.

이어서 그의 대표작인 『부흥』을 읽었습니다. 『부흥』은 그야말로 제 인생에서 가장 생생한 영적 부흥의 책입니다. 제 인생은 『부흥』을 읽기 전과 후로 나뉜다 해도 과언이 아닙니다. 『부흥』을 읽기 전에는 하나님의 말씀이 다소 희미하게 들렸지만, 읽은 이후로는 하나님의 말씀을 의심 없이 믿고 듣게 되었기 때문입니다.

부흥은 우리로 하여금 하나님을 바라보게 해줍니다. 계속해서 하나님을 바라보며 의지하게 해줍니다. 우리에게 최고로 필요한 일, 유일하게 필요한 일은 하나님, 사시는 하나님을 아는 것이며 그 힘의 강력함을 아는 것입니다. 다른 것은 하나도 필요 없습니다. 사시는 하나님의 능력이 있고 그 하나님이 우리 가운데 계시다는 사실만 안다

면 다른 것은 하나도 중요하지 않습니다.[1]

이 책을 읽을 때에는 말씀이 살아서 제 안으로 마구 쏟아져 들어왔습니다. 옛날 수동 타자기를 치면 글자가 종이에 탁탁 박히듯이 성경 활자가 뚜렷하고 선명하게 눈에 박히며 들어왔습니다. 말씀의 의미가 깨달아질 때마다 심장이 마구 뛰었습니다. 부흥은 자기 상황을 깨닫는 것이고, 그 상황의 심각성을 인식하는 것이며 하나님의 말씀에 함축된 의미를 알아차리는 것이었습니다.[2]

한편으로는 제 안의 더러운 죄와 끔찍한 위선과 모순에 직면하며 제가 불안과 두려움에 잠식당하고 있던 이유를 알았습니다. 그것은 올바른 자기인식이 없는 인간에게 있을 수밖에 없는 존재의 모호함 때문이었습니다. 자기 존재에 대한 부분적인 인식이 날마다 답답했던 것입니다. 말씀이 저의 존재를 분명히 가르쳐주어 기쁘고 감사했습니다. 그러자 바로 이런 강력한 자기 존재에 대한 인식이 진리에 대한 확신으로 이어져 사람을 살리고 교회를 세운다는 생각에까지 닿았습니다.

말씀이 와닿는 순간순간마다 저를 만드신 하나님께서는 이미 저를 잘 알고 계셨고 저를 만지고 계심을 절감했습니다. 말씀이 몸과 마음을 관통하며 저를 읽어주었습니다. 이를 통해 하나님께서 태초부터 말씀으로 저와 밀접한 관계였음을 확인했습니다.

말씀 안에서 하나님 아버지와 깊이 만나는 시간은 물리적인 시간이나 장소에 구애받지 않음을 알게 되었습니다. 하나님의 말씀은 텍스트에 갇히지 않고 계속해서 무엇인가 말씀하셨습니다. '이제 정신 차려라, 마음 문을 활짝 열어라, 내가 네 아버지다, 나를 똑바로 보고 바로 알아라'고 말씀하시는 것 같았습니다. 온몸에 전율이 일었습니다. 제 손은 성경과 책을 정신없이 오고 갔습니다. '아버지, 아버지의 말씀이 이런 것이군요' 하며 저도 모르게 혼잣말을 반복하고 있었습니다. 놀랍고 황홀한 기분에 탄성이 절로 나왔습니다. 떨리는 손으로 성경 활자 하나하나를 짚어가며 읽고 또 읽었습니다.

나는 아직도 개인의 내면세계가 책의 유무형의 세계와 깊숙이 그리고 창조적인 방식으로 얽혀 있다는 것이 내게 명료해진 날을, 그 시간과 공간을 뚜렷이 기억한다. 내가 이런 정신적 깨달음의 순간을 뻔뻔해지지 않고 설명해도 된다고 믿는 이유는 그 체험과 인식이 개인적인 것이었다 해도 그 순간은 이미 내 무작위의 인격을 훌쩍

뛰어넘은 것이었기 때문이다.[3]

성경이 저를 읽고 저의 상태를 쓰고 있는 것 같았습니다. 모세가 "내게 주를 알리시고"(출 33:13)라고 기도했던 것처럼 저 역시 '아버지, 저도 주를 더 깊이 알게 해주세요'라고 기도했습니다. 물론 하나님께서 저를 사랑하심을 잘 알고 있었습니다. 그러나 그 표증과 그에 대해 온전한 확신을 얻고 싶었습니다.[4]

밤새 『부흥』을 읽고 성경을 읽으면서 이튿날 새벽까지 혼자서 부흥회를 했습니다. 진리이신 아버지를 인격적으로 만나게 된 기쁨과 감격이 너무 커 집 안에만 머물러 있을 수 없었습니다. 폭발할 것 같은 기쁨과 어디에서도 경험해보지 못한 벅차오르는 감정 때문이었습니다. 진리를 향한 부흥의 메시지는 매우 강력해서 감정을 도저히 주체할 수 없었습니다.

성령이 임한 교회는 기쁨으로 충만해집니다. 피상적으로, 육체적으로, 가식적으로 기뻐하는 것이 아닙니다. 속에서부터 우러나오는 기쁨으로 기뻐하는 것입니다. 성령의 능력이 인격 전체를 환히 빛나게 만들며 '말할 수 없는 영광스러운 즐거움으로' 기뻐하게 만듭니다.[5]

오직 성령만이 주실 수 있는 기쁨과 즐거움의 감정이
이런 것임을 알 수 있었습니다. 하나님의 영광이 사람의
신체가 감당할 수 없을 만큼 굉장한 것임을 하나님이 친
히 알려 주셨다는 것입니다.[6]

> "어두운 데서 빛이 있으리라 하시던 그 하나님께서 예수
> 그리스도의 얼굴에 있는 하나님의 영광을 아는 빛을 우
> 리 마음에 비추셨느니라"(고후 4:6)

동이 트자마자 집 밖으로 나와 환호성을 지르며 한강
변을 얼마나 뛰었는지 모릅니다. 그렇게 뛰지 않으면 가
슴이 터질 것 같았습니다. 제가 아는 모든 단어를 동원
해도 그때의 희열을 표현할 수 없어 안타깝습니다. 마구
뛰다가 정신을 차려 보니 강변에서 뚝섬까지 한달음에
달려와 있었습니다. 평소 같으면 엄두도 못 냈을 거리였
는데 말이죠. 제 발이 뛴 게 아니라 말씀이 저를 뛰게 한
것이었습니다.

프랑스 소설가 마르셀 프루스트가 생전에 셰익스피
어, 소포클레스 등 여러 작가들의 책을 읽으면서 느낀 감
정을 저도 비슷하게 느꼈던 것 같습니다.

한권 한권을 끝낼 때마다 들떠서는 이리저리 걷고, 발을 구르고 마을길을 뛰곤 했다. 꼼짝 않고 앉아 있는 동안 축적된 에너지가 한꺼번에 터져 나온 것이다. 그럴 때면 마을길에 불어오는 바람조차 홍분을 더해 주었다.[7]

"예수가 너희를 보지 못하였으나 사랑하는도다. 이제도 보지 못하나 믿고 말할 수 없는 영광스러운 즐거움으로 기뻐하니"(벧전 1:8)

말씀을 통한 영적 부흥은 제게 초인적인 힘을 주었습니다. 영적 부흥에 반응하는 몸과 마음은 눈치 볼 것도 부끄러울 것도 없었습니다. 하나님께서 일으키신 강력한 부흥은 경이롭고 황홀했습니다. 활력과 능력이 넘치고 아주 구체적이었습니다. 이 힘이 하나님 아버지를 더 알고 싶고 더 깊이 만나고 싶고 모든 지성과 의지를 동원해서 복음의 신비를 탐구하고 싶게 만들었습니다.

그렇게 한강을 뛰었던 날, 같은 교회에 다니는 빅 집사님을 불렀습니다. 당장 누구라도 붙잡고 가슴 벅찬 희열을 나누지 않으면 견딜 수 없을 것 같았습니다. 집사님과 만나 전날부터 새벽까지 부흥을 읽으면서 일어났던 놀라운 체험과 감정을 폭포수같이 쏟아냈습니다. 하나님의 말씀의 위대함과 놀라운 부르심과 진리의 기쁨을 온 마음을 다해 나누었습니다. 제가 표현할 수 있는 모든 단어를 동원해서 설명했던 것 같습니다.

하나님의 말씀이 제 영혼의 무딘 영적 감각과 정신을 어떻게 흔드시고 일깨웠는지를 두서없이 쏟아냈습니다. 말씀의 빛이 제 영혼의 내면을 비추고 관심을 불러일으키신 그 장면들을 말입니다. 극도로 흥분된 감정을 숨길 수 없어 제 자신도 어리둥절할 지경이었지만 사실이었습니다. 흥분을 감추지 못하는 저를 보는 집사님도 몹시 놀라는 눈치였습니다. 제 모습이 정말 이상했을 텐데도 진지하게 들어줘서 고마웠습니다.

그날의 감격을 어떻게 설명해야 할지 난처했지만 하나님의 말씀이 제 모든 것의 근원이 되어 일하기 시작하신 것만은 분명했습니다. 그날부터 제 영혼은 새로운 옷을 입었습니다. 저는 그날을 말씀의 옷이 저를 휘감은 역사적인 날로 기억합니다.

"지은 것이 하나도 그가 없이는 된 것이 없느니라"(요 1:3)

그 후로 성도를 위한 믿음의 신앙은 하나님을 아는

지식으로부터 근거해야 한다는 것을 날마다 경험했습니다. 제가 그 집사님을 붙들고 얼마나 떠들었는지 모릅니다. 성도의 삶과 신앙의 방향이 말씀 안에서 세워져야만 한다고, 그러니까 성경 읽고 책도 읽고 공부하자고 매일 졸랐습니다. 집사님에게는 정말 고역이었을 겁니다. 얼마나 말이 많아졌는지 모릅니다. 감사하게도 집사님은 한동안 통제되지 않은 저를 위해 하나님이 붙여 주신 소중한 친구였습니다.

저는 집사님에게 성도는 끊임없이 진리를 사모해야 하고, 말씀을 읽고 묵상하지 않으면 곧 죽은 목숨과 다름없다는 말을 서슴치 않고 던졌습니다. 서툰 말들로 절제하지 못하는 저를 보며 집사님은 당황하는 표정이 역력했지만, 기꺼이 제 이야기에 귀를 기울여주었고 함께 흥분해주고 반응해 주었습니다. 그때 집사님이 아니었더라면 다른 분들에게 많은 실수를 했을지도 모릅니다. 그때의 경험으로, 지금도 은혜받은 사람들의 마음과 말과 행위와 나눔에 열린 마음으로 듣고 격려하고 시원할 수 있게 되었습니다.

하나님께서는 성경으로 선포하고 가르치셨고, 책으로 설명하고 이해시키셨으며, 내면을 들여다보게 하셨습니다. 그때마다 말씀은 제 영혼 구석구석을 살폈습니다. 의심과 불신과 회의가 말씀 앞에 부딪히며 깨졌습니다. 이전에 갖고 있던 지식이나 경험이 쓸모없게 되었고 과거의 자아 대신 새로운 자아가 생겨났습니다. 오직 진리의 말씀을 바로 알고 싶다는 간절한 열망이 솟구쳤습니다.

지성과 의지와 감정은 하나님의 말씀과 책들에 담긴 텍스트에 압도되었습니다. 글을 통해서 이루어지는 하나님과의 교제에서 활자는 하나님이 사용하시는 위대한 도구였습니다. 활자 안에서 영혼의 생명이신 성령님이 함께하시는 것을 느낄 수 있었습니다.

무엇보다 과거에 믿음 있는 척 쓰고 있던 위선의 가면을 벗겨 주신 것에 감사했습니다. 위선의 가면이 어떤 것인지를 깨닫게 하신 성령님께도 감사했습니다. 저에게 뜻밖의 용기가 생겼습니다. 사람들을 만나면 하나님을 적극적으로 소개하기 시작했던 것입니다. "힘써 여호와를 알자"(호세아 6:3) 하신 말씀대로 순종하면, 누구라도 살아 계셔서 역사하시는 하나님을 만날 수 있다는 것을 입증하고 싶었습니다. 한 사람의 삶과 신앙이 완전히 새로워지는 인생 최고의 변화는 사람의 의지가 아닌 하나님의 말씀으로만 된다는 것을 전하고 싶었습니다.

우리는 부흥을 갈망합니다. 하나님이 특별하고 이례적이고 초자연적인 방법으로 방문하시기를, 그래서 공동체 전체가 하나님의 살아계심과 거룩한 임재를 깨닫게 되기를 간절히 바랍니다. 부흥이 일어나면 죄인이 죄를 깨닫고, 회개하려는 자의 회심이 발생하고, 죽은 교회가 소생합니다. 그런데 부흥은 어떻게 일어날까요? 오직 하나님의 성령의 주권적 사역으로 일어납니다. 성령이 어떤 수단을 사용하실까요? 성령은 하나님의 말씀을 사용하십니다. 하나님의 말씀은 성령이 세상에서 자신의 사역을 하실 때 휘두르는 "성령의 검"입니다.(엡 6:17, 히 4:12)[8]

이번에는 『부흥』에 이어 『산상설교집』을 읽었습니다. 『산상설교집』은 성도의 삶과 신앙의 기본 원리를 분명하게 가르쳐 주었습니다. 『산상설교집』을 읽으면서 본격적으로 성경 본문을 꼼꼼하게 읽고 본문에 담긴 의미를 공부하는 것에 더욱 흥미를 갖고 집중하게 되었습니다.

로이드 존스 목사님의 3권으로 이루어진 『교리 강좌 시리즈』를 접한 것도 그즈음이었습니다. 그 책은 성경이 말하는 진리의 체계를 보다 정확하고 자세하게 설명했습니다. 교리에 대한 이해가 전혀 없던 제게 이 책은 교

115

3장 어떤 저자들의 책을 어떻게 읽었는가
♦

리의 바른 의미와 중요성을 처음으로 느끼게 해주었습니다. 신앙은 막연한 믿음이 아닌 질서정연한 체계가 있음을 가르쳐 주기도 했습니다. 당시에는 읽기에 두껍고 어려운 책이었지만 저의 신앙의 토대를 만들어가는 데에 중요한 밑거름이 되었습니다.

잊지 못할 추억이 있습니다. 딸이 중학생이었던 시절에 교실에서 방과 후 자습이 있었습니다. 부모가 돌아가면서 지킴이를 했는데, 그때마다 교실에서 로이드 존스 목사님의 『로마서 강해』를 열심히 읽었습니다. 아들이 피아노를 전공했는데, 피아노 연습 시간에 옆에 앉아 로이드 존스 목사님의 『에베소서 강해』를 읽었던 기억이 생생합니다. 제 인생에서 가장 많은 시간과 열정과 집중력을 쏟았던 시절이었던 것 같습니다.

"우리가 시작할 때에 확신한 것을 끝까지 견고히 잡고 있으면 그리스도와 함께 참여한 자가 되리라"(히 3:14)

| 존 파이퍼

어느 날 로이드 존스 목사님을 소개해준 목사님이 제가

모르는 저자의 책을 읽는 것을 보았습니다. 저자는 존 파이퍼 목사님이었습니다. 읽고 계시던 책은 『하나님을 기뻐하라』였습니다. 목사님은 존 파이퍼를 '기쁨의 목회자', '희락의 설교자'라고 소개했습니다. 덕분에 저도 『하나님을 기뻐하라』를 읽게 되었습니다.

그 책은 인간의 존재 이유와 기쁨의 근원이 무엇이며, 성도의 삶과 신앙의 원리가 무엇인지를 설명해주었습니다. 존 파이퍼 목사님은 그 원리를 '기독교 희락주의'라고 표현했습니다. 사람이 하나님 안에서 가장 크게 만족할 때 하나님께서도 가장 큰 영광을 받으신다는 의미를 담고 있는 표현입니다. '성도가 어떻게 사는 것이 하나님의 영광을 위한 삶일까', '나도 기쁨의 성도요, 희락의 사람이 될 수 있을까'라는 생각에 마음이 벅차올랐습니다. 또 성도가 가장 하나님을 만족할 때가 언제일까 궁금해졌습니다.

이 책을 통해 '인간의 제일 되는 목적은 영원토록 하나님을 영화롭게 하고 하나님으로 말미암아 영원토록 즐거워하는 것입니다'라는 소요리 문답의 제1문답을 배웠습니다. 당시에는 무슨 뜻인지 정확하게 모르면서도 인간이 존재하는 이유와 삶의 목적을 이보다 더 명쾌하게 말해 주는 것이 있었나 싶었습니다.

존 파이퍼 목사님의 또 다른 책 『하나님의 영광을 위한 하나님의 열심』도 소개받았습니다. 존 파이퍼 목사님이 18세기 미국 최고의 영적 거인이라 불리는 조나단 에드워즈를 자신의 영적 멘토라고 소개해 더욱 관심을 갖고 읽었습니다.

이 책은 조나단 에드워즈의 생애와 신앙을 요약하고 '하나님의 천지 창조의 목적'을 해설합니다. 천지창조의 목적은 하나님의 영광입니다. 성도의 삶의 이유와 목적 역시 하나님의 영광입니다. 우리가 왜 하나님을 기뻐하고 즐거워해야 하는 것일까요? 하나님께서 천지를 창조하셨기 때문에, 즉 우리에게 생명을 주시고 우리를 보호하시고 인도하시기 때문입니다. 하나님의 창조 목적과 하나님의 영광이 말하는 의미가 제 안에서 한층 더 간절해지도록 만들어준 책이었습니다.

존 파이퍼 목사님을 생각하면 빼놓을 수 없는 책이 『생각하라』입니다. 이 책은 오늘날 성도들의 신앙의 맹점을 짚어 주는 책인데, 하나님의 영광을 갈망하는 신앙 감정과 명료한 진리를 보는 성경적 시각에 대해 말해

줍니다. 신앙의 성장을 위해 생각과 느낌, 이해라는 것이 어떤 실제적인 도움을 주고 행위와 어떤 연관이 있는지, 믿음을 유지하는 과정에서 얼마나 중요한 역할을 하는지를 배웠습니다. 모든 생각과 배움과 연구는 하나님을 알고 사랑하는 것을 보여주기 위해 존재한다는 것 역시 깨달았습니다.

좋은 독서를 경험할수록 수많은 믿음의 사람들이 기록한 결과물이 소중해졌습니다. 한 권의 책과, 저자와, 좋은 책을 만들기 위해 고심하는 출판사와, 출판을 위해 일하는 사람들의 수고와, 책을 알리기 위해 분투하는 사람들을 기억하고 그들에게 감사했습니다. 영혼을 일깨우는 수많은 책을 널리 알리고 전해야겠다는 기도가 절로 시작되었습니다.

| 조나단 에드워즈

존 파이퍼 목사님의 멘토이신 조나단 에드워즈의 글이 궁금해질 즈음 『조나단 에드워즈 대표설교선집』을 읽었습니다. 이는 저의 신앙과 성도의 신학함에 있어 중요한 통찰을 준 잊을 수 없는 두 번째 인생 책이 되었습니다.

이 책을 통해 매 순간 선택해서 읽게 되는 책 한권 한권 조차도 하나님께서 세밀하게 간섭해주심을 확신하게 되었습니다. 하나님께서는 동시대의 저자뿐 아니라 옛 믿음의 선배들과 그들의 책을 통해 각 사람에게 적합한 메시지를 적절한 때에 허락하고 계셨던 것입니다.

14편의 설교 가운데 세 번째 설교인 '신학공부의 필요성과 중요성'은 저에게 가장 강렬한 감동과 도전을 주었습니다. 이 글은 신학이란 무엇인지, 모든 성도에게 하나님을 아는 지식이 왜 필요하고 어떤 노력이 필요한지를 알려주었습니다. 책을 읽는 내내 말씀이 너무나 생생하게 다가와서 의도하지 않아도 절로 '아멘'이 나왔습니다.

> 지루해할 틈을 주지 않는 글이 있다. 생각할 틈을, 질투할 틈을, 찬성할 틈을, 반박할 틈을 주지 않는 글, 그것은 몸살에 걸리는 것과 비슷하다. 뭔가 순식간에 내 안으로 들어와버리는 것이다. 쑤시거나, 열이 나거나, 아프거나, 들뜨기 시작한다. 통제할 수 없다.[9]

에드워즈의 설교에서 사람을 압도하는 힘은 신학을 설명하는 부분에서 절정에 이릅니다.

신학은 신앙이라고 하는 가장 큰 일과 관련된 모든 진리와 법칙을 포함하는 학문 또는 교리입니다 … 그것은 하나님과 종교라고 하는 하나님이 가르쳐 주실 목적으로, 교훈으로 가득 찬 어떤 특정한 책을 통해 하나님이 친히 가르쳐 주시는 것입니다. 이 책은 신학 지식을 얻는 데 있어 길잡이를 삼도록 세상에 주신 법칙이며, 우리가 알아야 할 필요가 있는 본질적인 것에 대한 요약입니다. 이런 관점에서 신학은 기술이나 학문이라기보다는 차라리 교리라 불립니다 … 신학은 하나님과 관계를 맺으며 살아가는 삶에 대한 교리라고 정의됩니다. 어떤 사람은 더 정확하게 그리스도를 통해 하나님과 관계를 맺으며 살아가는 삶에 대한 교리라고 불립니다.[10]

에드워즈 목사님은 실천적이고 체험적인 지식만이 아니라 신앙의 원리와 진리에 대한 이론적이고 교리적인 지식 또한 필수라고 말합니다. 또 모든 신학 교리는 어떤 방식, 혹은 어떤 측면에서도 모든 성도의 영원한 삶과 관련 있다고 강조합니다. 하나님께서 이미 계시된 말씀인 성경에 모든 내용을 담아주셨기 때문입니다.

그의 설교는 하나님을 향한 지극한 관심과 말씀 공부에 대한 열정을 최고조에 이르게 했습니다. '모든 성도는 신학을 해야 한다'라는 선포가 제 삶의 모토가 되었습니다. 남은 생애는 말씀을 탐구하고 독서하는 평생학습자가 되겠다고 간절히 기도했습니다. 평생의 과업이 생겨 인생의 목적이 분명해졌다는 것이 얼마나 흥분되고 기뻤는지 모릅니다. 글의 곳곳에서 등장하는 '모든 성도는 신학을 해야 한다'라는 메시지를 볼 때마다 정말이지 '망치로 머리를 맞는 것' 같았습니다. 에드워즈가 강조하는 모든 성도의 신학함에 대한 중요성은 그야말로 제 심장에 삶의 그림을 완성하고 도장을 찍는 것 같았습니다. 더 이상 고민할 것도 없고 주춤거릴 필요도 없었습니다. 저는 부흥의 희열 다음으로 성도의 신학함의 희열을 경험했습니다.

우리는 성경을 배우는 일, 즉 신학을 공부해야 합니다. 그것을 성도의 삶에 가장 중요한 일로 여겨야 합니다. 하나님께서는 모든 만물의 주인이시고, 존재의 궁극적 목적이시며 우리 행복의 유일한 원천이기 때문입니다.[11] 그러므로 하나님을 아는 지식을 알고 삶에 적용하는 성숙한 기독교인이 되기 위해 노력해야 합니다. 신학 공부는 목회자만의 영역이라는 오래된 선입견에서 벗어나야 합니다.

마틴 로이드 존스의 『부흥』에 이어 조나단 에드워즈의 '신학공부의 필요성과 중요성'이 제 안에 두 번째 영적 부흥을 일으켰습니다. 일상을 말씀과 독서로 더욱 채워갔습니다. 이렇게 독서에 몰입할 수 있을까 싶을 정도로 저 스스로도 놀라곤 했습니다. 과거의 제가 아닌 새로운 사람으로 바뀌어 가고 있었기 때문입니다.

점차 하나님과 독대하는 경건의 시간이 기다려지고 즐거워졌습니다. 말씀 안에서 자기 영혼을 돌보지 않는다는 것을 용납하기 어려웠습니다. 그것은 곧 말씀을 가볍게 여기는 것이고 성도의 직무유기라고 생각했습니다. 믿음의 사람들의 책을 통해 좋은 통찰과 삶의 기술을 배우는 것이 당연해졌습니다. 그 시간이 어떤 시간보다 값지고 유익하며 삶을 윤택하고 안전하게 하기 때문입니다.

따라서 창조, 타락, 구속, 하나님 나라, 인생의 이유와 목적, 재림, 부활에 이르기까지 믿음의 사람들이 반드시 알고 믿어야 할 바를 꾸준히 학습해야 합니다. 이해하고 믿어지는 만큼 살게 됩니다. 성도의 영적 성장과 성숙을 위해서, 한결 더 원숙한 삶을 위해서 성경과 진리의 체계, 말씀의 개념과 삶의 원리를 분명하게 배워야 합니다. 성도의 신앙과 삶의 모든 원리는 하나님의 존재와 속성,

사역을 아는 것을 통해, 즉 하나님으로부터 출발하기 때문입니다.

그것을 배우고 익혀 자신의 것으로 정리하면 더욱 좋습니다. 믿음의 대상이신 하나님과 복음의 내용을 분명하게 인식하고 정돈하지 않으면 신앙은 늘 피상적이고 막연해집니다. 성도에게 그보다 불행한 것은 없습니다. 그저 활력 없는 신앙생활로 간신히 연명할 뿐입니다. 세상과 인간에 대한 이해와 현상을 읽고, 사유하고, 적용하면서 하나님의 어떠하심과 일하심을 경험해야 합니다. 우리는 하나님 나라에 동참하는 일을 멈춰서는 안 됩니다.

성경과 좋은 책들을 통해 분명하게 깨달았습니다. 하나님께서는 무엇보다 진리에 대한 올바른 이해와 순종을 위해 적극적이고 자발적으로 헌신하는 성도가 되어가는 것을 기뻐하신다는 사실을 말입니다.

| 청교도

'신학공부의 필요성과 중요성'에 대한 확신이 절정에 이르렀을 때 존 오웬을 비롯한 청교도 선배들의 책을 함께

읽었습니다. 존 오웬의 『죄』 시리즈와 『영적사고방식』, 『그리스도의 영광』 등을 읽었습니다. 인간의 죄와 성도의 경건을 깊이 다루는 청교도의 책들을 통해 제 신앙의 민낯을 보았습니다. 말씀 탐구는 매일매일 흥미롭고 즐거웠지만 제 안의 죄성을 들여다보며 죄의 본질을 알아가는 과정은 몹시 괴로웠습니다.

특별히 존 오웬의 『그리스도의 영광』을 읽으면서 그리스도의 영광과 죽을 수밖에 없던 죄인에서 하나님의 자녀됨이 얼마나 감사했는지 모릅니다. 책을 읽으면서 당신의 자녀로 부르심에 감격해 책상에 엎드려 엉엉 울었던 날이 지금도 생생하게 기억납니다. 감사와 감격을 표현할 길이 눈물밖에 없었습니다.

우리가 믿음으로 말미암아, 눈에 보이지 않는 영적이고도 영원한 것들을 본다면, 우리의 모든 고통이 경감되고 우리의 짐이 가벼워지고 우리 영혼이 낙심하지 않게 될 것이다. 그런 모든 것들을 합당하게 포괄하고 있는 주제가 곧 그리스도 이 영광이요, 그 영광이 그런 것들을 주도한다. 왜냐하면 '예수 그리스도의 얼굴'에서 하나님의 영광을 보기 때문이다.[12]

비참한 인생에게 찾아와 주셔서 자녀 삼으시고, 그리스도의 영광을 묵상하게 하시고, 죽지 않고 살아 있는 영혼으로 날마다 새롭게 하시는 하나님의 열심이 감사했습니다. 그리스도의 모든 영광에 동참하는 참여자가 되게 하셨으니 저는 최고의 복을 누리는 자녀입니다.

청교도들은 성경으로 삶을 형성했으며, 교리와 실천을 완벽히 결합시켰으며, 그리스도에 집중적 관심을 두었고, 시련과 시험에 어떻게 대처하는지, 지상과 천국에서 어떻게 살아야 하는지, 참된 신앙이 무엇인지를 보여준 사람들입니다. ... 청교도들은 교회사의 영적 거인들이었습니다. 청교도들은 성경적 기독교인, 성숙한 기독교인의 모델입니다. 그러므로 오늘날에도 청교도의 저서들은 우리가 참된 기독교인, 성숙한 기독교인이 되는 법을 배우는 가장 좋은 성경의 참고서들입니다.[13]

신앙이 나태해지고 건조해질 때마다 청교도의 책들을 꺼내 읽으면서 늘 경건을 연습하는 표본으로 삼았습니다. 진리 앞에서 누구보다 겸손한 모습, 죄와 씨름하며 싸워가는 철저한 모습은 언제나 저의 모델이었습니다.

책과 친밀히 지낼수록 그 사람은 삶의 총체성을 깊이 있게 체험하게 될 것이다. 책을 사랑하는 자는 스스로의 눈만이 아니라 셀 수 없는 이들의 영혼의 눈으로, 그들의 놀라운 도움으로 세계를 바라보고 헤쳐 나아갈 것이기 때문이다.[14]

청교도 어른들의 책은 저의 영혼을 차분하게 하고 경건에 눈을 뜨게 했습니다. 청교도 고전이라 부르는 책들을 마음껏 읽었습니다. 고전은 낡고 오래된 책이 아니었습니다. 그때도 지금도 여전히 새로운 지혜와 통찰의 보고입니다. 오히려 수백 년 전에 쓰인 청교도의 책들에서 현재 제 자신의 낡고 진부한 신앙이 날카롭게 지적당했습니다.

어떤 이들은 고전이 진부할 것이라 지레짐작합니다. 그러나 그렇지 않습니다. 오래 살아남은 고전은 처음부터 나름의 방식으로 새로웠는데 지금 읽어도 새롭게 다가옵니다. 다시 말해 지금 읽어도 새로운 것은 쓰인 당시에도 새로웠을 것입니다. 왜냐하면 고전이라고 해서 하늘에서 뚝 떨어진 것이 아니기 때문입니다. 그들 역시 당대의 진부함과 싸워야만 했습니다. 고전은 당대의 뭇 책들과 놀랍도록 달랐기 때문에 살아남았고 그렇기에 진부함과는 정반대에 서 있습니다. 오랜 시간이 지나도 낡거나

3장 어떤 저자들의 책을 어떻게 읽었는가

진부해지지 않았기 때문에 그 책들은 살아남았고 여러 언어로 번역되었고 후대로 전승되었을 겁니다. … 우리는 자기 자신과 주변에서 벌어지는 일을 잘 알고 있다고 생각합니다. 그러나 어떤 사건이 벌어지면 우리는 알게 되는 것입니다. 주변은커녕 자기 자신이 누구인지조차 모르는 존재가 바로 자신이라는 것을요. … 이렇게 독서는 우리가 굳건하게 믿고 있는 것들을 흔들게 됩니다. 독자라는 존재는 독서라는 위험한 행위를 통해 스스로 제 믿음을 흔들고자 하는 이들입니다.[15]

| 기독교 세계관

기독교 세계관에 대한 책들도 읽었습니다. 먼저 신국원 교수님의 『니고데모의 안경』을 시작으로 교수님의 책들을 읽어갔습니다. 이후 교수님을 모시고 세계관 특강도 들었습니다. 당시에 많은 사람들이 읽던 『창조, 타락, 구속』을 읽으면서 처음으로 구조와 방향이라는 개념을 알게 됐고, 하나님 나라의 큰 그림을 그리는 것에 대한 이해가 생겼습니다. 또 『프란시스 쉐퍼 전집』과 『데이비드 웰스 4부작 시리즈』, 아브라함 카이퍼의 『칼빈주의 강연』을 읽으면서는 다양한 세계관에 대한 공부가 꼭 필요하다는 것을 배웠습니다.

그런 책들은 혼자서 읽기에는 어려울뿐더러 이해하기도 쉽지 않았습니다. 다행히 지도해주시는 목사님과 집사님들이 모여주신 덕분에 함께 읽고 토론하며 조금씩 이해를 넓혀갔습니다. 이때 소그룹의 유익을 처음으로 알게 되었습니다. 세계관 공부 모임을 시작으로 독서모임을 적극적으로 해 나가기 시작했습니다.

성경적 세계관에 눈을 뜨게 되면서 '세상과 교회를 어떻게 연결지을 수 있을까', '선교는 어떻게 해야 할까'와 같은, 전에는 하지 못한 생각들까지도 하게 되었습니다. 이것은 신앙과 세상을 이분법적으로 나누지 않고 얼마나 유연하게 대처할 수 있을지를 고민하는 계기가 되었습니다. 일부러 의도하지 않아도 사람들에게는 이미 어려서부터 각자의 삶의 경험 속에서 형성된 고유의 사고와 이해가 다양하게 작용합니다. 또한 이렇게 형성된 수많은 사상과 관점을 통해 사람들은 저마다 성경을 다르게 해석하기 마련입니다.

하지만 세계관 공부는 태어나면서부터 각자의 생각 속에 자리잡고 있는 지극히 인본적이고 기복적이며 이

기적인 요소를 배제하고, 어떻게든 성경적인 관점에서 하나님을 믿고 세상과 인간과 삶의 환경을 이해하며 해석하도록 도와주었습니다.

복음이 사적 영역에 국한되지 않고 공적인 사회, 문화 속에서도 충분히 발현되어야 함을 배웠습니다. 자칫 세상과 구별되어야 한다는 경직된 사고를 극복하는 데 있어서 다양한 기독교 세계관 책들의 도움을 받았습니다.

물론 성경적 관점을 이해하고 노력하는 과정에서 이전의 삶의 관점과 계속해서 충돌하는 어려움이 많았습니다. 실제 삶에서 스스로 고쳐가야 할 부분들도 눈에 띄었고 선택하고 결단해야 할 부분들도 많았습니다. 그럼에도 성경적 세계관을 공부할수록 믿음으로 살아가는 방식과 방향이 더욱 선명해졌습니다. 돈, 시간, 관계, 자녀양육, 생활습관 등에 커다란 변화가 일어났습니다.

| 헤르만 바빙크

이어서 세 번째 인생 책이라 할 만한 헤르만 바빙크의 『하나님의 큰 일』을 만났습니다. 어려운 책이었지만 그동안 읽은 다양한 책들에서 반복하던 내용들을 한 권으로 정리해주는 느낌이었습니다. 모든 것을 철저히 하나님 중심에서 말하고 해설하는 인상 깊은 책이었습니다.

C.S. 루이스는 체스터턴의 『영원한 사람』을 읽고 기독교의 개요를 처음으로 접했다고 합니다.[16] 『하나님의 큰 일』이 제게 그러한 책이었습니다. 하나님을 경외하고, 하나님을 아는 지식에서 자라나게 해 준 안내자가 되었습니다. 그 책을 통해 성도가 반드시 알아야 할 하나님의 속성과 믿음에 대해 배웠습니다.

또한 이 책은 어려운 책을 극복하고 읽으면서 알아가는 기쁨과 도전을 경험하게 해준 책입니다. 반복해서 읽는 재미를 몰랐던 저에게 재독하는 즐거움을 가르쳐준 최초의 책입니다. 프란시스 쉐퍼가 말한 대로 '정직한 질문과 정직한 대답'을 향해 힘겹지만 즐겁게 산을 오르는 기분이었습니다. 산을 오를 때 느끼는 고됨과 외로움이 산 정상에 오르면 해방된 기쁨과 자유함이 되듯 『하나님의 큰 일』은 책 제목대로 진리의 자유함을 선사해준 하나님의 큰 일이었습니다.

마틴 로이드 존스의 『교리 강좌 시리즈』를 통해서 교

리 공부에 입문했다면, 『하나님의 큰 일』은 교리 공부에 대한 확신과 실제적인 도전을 주었습니다. 당시 주일마다 12주에 걸쳐 '웨스트민스터 소교리문답'으로 공부하는 짧은 강의가 있었는데 『하나님의 큰 일』과 '웨스트민스터 소교리문답'의 겹쳐 읽기 공부는 그야말로 신세계, 기쁨과 놀라움 그 자체였습니다.

| 교리 공부

많은 책을 읽으며 성경과 교리의 관계에서 뭔가 풀리지 않는 실타래가 조금씩 풀리는 것 같았습니다. 특별히 소교리문답에서는 평소에 궁금했던 내용들이 가득했습니다. 더군다나 저의 독서의 시작처럼 질문과 답변의 형식으로 이루어져 있다는 사실이 흥미로웠습니다. 묻고 답하는 방식이 말씀을 이해하고 정리하는 데 유익하다는 것을 믿음의 선배들은 누구보다 잘 알았던 것입니다. 성경에 담긴 하나님의 메시지를 이렇게 논리적으로 정돈해 놓은 교리가 있는데 왜 그동안 교회에서는 소교리문답을 가르쳐 주지 않았는지 너무나 안타까웠습니다.

소교리문답 공부는 모르는 것을 묻는 것이 늘 부끄러

웠던 저 같은 사람에게는 최적의 방식입니다. 사실 아는 척하고 교회에 다니지만 실제로 복음의 내용이 자기 안에 잘 정돈되어 있는 사람은 생각보다 드뭅니다. 오래도록 교회에 다녀도 자신이 믿는 복음의 내용을 질서정연하게 설명하지 못하는 성도들이 많습니다. 맹목적인 신앙은 교리의 부재라 해도 과언이 아닐 것입니다. 소교리문답을 알게 된 것은 하나님의 은혜요 획기적인 사건이었습니다.

사람들은 알게 모르게 다양한 경로를 통해 받은 정보를 종합하여 자신만의 신학을 형성한다. 이러한 암묵적 신학은 각 개인의 신념 체계와 결합되어 있기에, 잘못된 경우 다른 어떤 지식보다 강한 편견에 사로잡힐 수 있고, 배타적이거나 파괴적 성향을 보일 수도 있다. 마음에 자리잡은 부적절한 신학은 하나님과 깊은 관계로 나아가는 데 장애가 되고, 참 자아를 발견하는 것을 방해하며, 타인과 적절한 관계를 맺는 데 어려움을 만들어낸다. … 교리는 무엇이 믿음의 내용인지를 알려 주면서 신학적 상상력을 인도하여 개인이 그리스도인으로 성숙하고 공동체를 형성하도록 도와준다.[17]

교리문답은 질문과 대답의 형태로 되어 있어 지루하

지 않고, 매우 논리적이어서 차례대로 읽다 보면 절로 믿음의 중심과 뼈대가 세워집니다. 가장 크고 놀라운 유익은 교리를 공부하면 성경을 찾게 되고, 성경을 읽다 보면 교리가 기억난다는 점입니다. 위대한 선배들은 성경에 있는 내용을 분류하고 교리문답의 체계를 만들었습니다. 성경 읽기와 교리 공부는 서로가 서로를 보완하는 훌륭한 경건의 훈련이요 학습방법입니다.

기독교를 받아들인 이상 날마다 조금씩이라도 시간을 내서 그 주요 교리들을 찬찬히 정신에 새겨 나가는 것입니다. 매일 기도하며 성경과 경건서적을 읽고 교회에 나가는 일이 그리스도인의 삶에 필수적인 이유가 바로 여기에 있습니다. 우리는 우리가 믿는 바를 지속적으로 상기할 필요가 있습니다. 가만히 내버려 두는데도 정신 속에 살아남을 수 있는 신념은 없습니다. 신념은 계속 북돋워 주어야 합니다.[18]

나중에는 소교리문답을 강의하셨던 목사님이 '웨스트민스터 신앙고백서'를 소개해주셨습니다. 산 넘어 산이구나 싶었지만 한결 진일보하는 느낌이었습니다. 소교리문답이 믿음의 뼈대를 세워준다면, 신앙고백서는 소교리문답에 살을 붙여주는 것 같았습니다. 하지만 어려운 내용이라 소화하는 데에는 꽤 시간이 걸렸습니다. 성도가 왜 평생학습자로 살아가야 하는지를 체감했습니다.

소교리문답을 더 공부하고 싶어 관련된 여러 책들을 읽었지만 왠지 쉽게 다가오지 않았습니다. 그때 마침 막 시작한 페이스북을 통해 조만간 새로운 소교리문답 해설서가 출간된다는 소식을 접했습니다.

책이 나오자마자 사서 읽었는데, 로이드 존스 목사님의 『부흥』을 읽었을 때처럼 또 한 차례 커다란 감동을 경험했습니다. 저자의 말대로 오랜 세월 가르쳐지지 않고 사장될 뻔한 소교리문답이 컬러풀한 신개념 교리 학습서로 등장한 것입니다. 제가 찾고 있던 학습서였습니다. 깜짝 선물처럼 찾아온 『특강 소요리문답』은 저의 교리 공부에 환상적인 파트너가 되었습니다. 이 책으로 교회 안팎에서 교리 공부모임을 진행하기 시작했습니다.

『특강 소요리문답』을 읽고 얼마나 기뻤넌지 저자가 있던 사무실까지 한달음에 달려갔던 날이 지금도 생생하게 기억납니다. 아마도 책이 출간된 지 한 달쯤 지난, 눈발이 날리기에는 다소 이른 11월이었던 것으로 기억됩니다. 책이 아니었더라면 한번도 가보지 않았을 낯선

동네를 홀로 찾아갔습니다. 지하철에 몸을 싣고 달려가는 길이 예전에 로이드 존스 목사님의 『부흥』을 읽고 한 강을 뛰던 시절을 떠올리게 했습니다. 로이드 존스 목사님은 못 만났지만 이 책의 저자에게는 감사와 기쁨을 직접 전하고 싶었습니다. 그리고 교리문답이라는 유산의 전후 배경과 중요성과 필요성을 자세히 듣고 싶었습니다.

이렇듯 『특강 소요리문답』이 여러모로 산만했던 저의 교리공부가 자리잡도록 도와준 덕분에 저는 다시 진지하게 소교리문답을 공부하기 시작했습니다. 교리에 대해 편견을 갖고 있던 주변 지체들에게 좀 더 가깝고 친근하게 교리가 무엇인지를 나누고 소개했습니다. 저의 독서는 『특강 소요리문답』을 통해 장로교회의 역사와 정치, 종교개혁, 기독교 역사 전반으로 확장되기 시작했습니다.

더불어 매너리즘에 빠질 수 있는 혼자만의 성경공부나 학습 방식에 대해서도 살펴보는 계기가 되었습니다. 이미 아는 주제에만 매달리는 편협한 독서에 머물고 있진 않았나, 늘 하던 대로만 안주하고 있진 않았나 돌아보았습니다. 타성에 젖은 성경 공부, 목적 잃은 독서가 될 뻔한 시기에 다시 한번 가슴 뛰는 신앙이 되도록 이 책이 불을 지펴주었습니다. 그런 의미에서 『특강 소요리문답』은 제게 아주 적절한 타이밍에 찾아와 주었습니다. 평소 지속적인 공부를 위해선 자기만의 공부 테마를 정하는 것이 중요하다고 들었는데, 그때 저에게 그 테마는 바로 교리문답이었습니다.

| 독서모임을 돕는 책

소교리문답을 본격적으로 공부하며 진리를 전하고 나누기 위해 전력질주했습니다. 그전에는 주로 성경과 경건 도서를 읽는 독서모임 정도가 전부였는데, 점점 교리를 함께 나누어야겠다는 열망이 커졌습니다. 그때부터 사람들의 삶과 신앙을 더욱 살피고 우정을 쌓는 일에 전념했습니다. 책을 선물하고 식탁 교제를 하고 티타임을 가졌습니다. 나눔을 위해서라면 시간과 물질을 아낌없이 사용했습니다. 제가 신학을 전공한 사람이 아니기에 누군가에게 교리를 가르친다고 생각하진 않았습니다. 다만 조금 먼저 공부하고 익힌 사람으로서 교리의 중요성을 함께 나누고, 모르는 것은 질문하고 토론하는 모임이 되게끔 노력했습니다.

강요하지 않아도 진리의 내용과 체계를 알고 싶어 하

는 분들이 생각보다 많아 적잖이 놀랐습니다. 저마다 다양한 이유와 형편 때문에 말씀과 교리를 공부하지 못하는 성도들이 그렇게 많은지 몰랐습니다.

사람을 살리고 세우는 일은 목회자만의 역할이 아니었습니다. 바른 신앙의 개념과 원리로 한 영혼을 섬기는 일이 성도의 소중한 의무라 여기기 시작했습니다. 모인 이들과 함께 성경과 경건 도서를 읽고 교리를 공부하며 삶과 신앙을 나누었습니다. 읽고 배우고 깨달은 대로 살아가길 간절히 소망했습니다. 그렇게 한 걸음 더 진리와 인생과 영혼을 소중하게 여기는 사람이 되어가는 것 같았습니다.

세상 사람들도 자기가 좋아하고 사랑하는 일에 열심을 냅니다. 사랑하고 모든 것을 바칩니다. 우리는 비교할 수 없는 진리를 알고 그 안에 거하기 위해 비교할 수 없는 열정과 사랑을 바쳐야겠습니다.[19]

비슷한 시기에 그동안 진행해온 독서 방식과 독서모임에 대해 확인받을 수 있는 책을 만났습니다. 『독서모임 대답은 있다 이야기』라는 책입니다. '성경과 교리를 더 넓고 깊게 공부하고 싶은 사람들의 독서 토론 이야기'라는 부제가 눈에 띄었습니다. 저보다 먼저 독서와 교리 공부를 하며 독서모임을 이끌고 있는 저자의 실제 경험과 사례들이 들어 있는 책입니다.

책의 내용이 마치 저의 이야기를 하는 것 같은 착각을 일으킬 정도로 흡사해서 놀라웠습니다. 그들의 신앙고백과 독서의 과정은 저와 매우 비슷했습니다. '아! 나와 이렇게도 비슷한 방식과 똑같은 책으로 같은 은혜를 경험하는 사람들도 있구나'라는 생각에 무릎을 치고 환호하며 얼마나 흥분했는지 모릅니다. 절대 진리이신 하나님을 경외하고 읽고 나누는 사람들이 모두 이렇게 나와 같다는 사실에 감격했습니다.

한편 저는 종종 '나는 올바르게 가고 있는 걸까', '나의 독서하는 방법이 올바른가', '내가 바른 신학을 잘 따라가고 있는가'라고 질문했습니다. 그리고 확인받고 싶었습니다. 저와 같은 일반 성도들이 이렇게 해도 되는 건지 궁금했습니다. 분명 조나단 에드워즈는 '모든 성도는 신학을 해야 한다'고 말했고, 올바른 신학은 말씀과 교리와 독서로부터 비롯됨을 확인했지만 그럼에도 늘 궁금하고 두려웠습니다. '그럴 거면 아예 신학교에 가지', '목회자도 아니면서'라는 말까지 들었습니다.

어떤 사람들은 우리 모임을 경계하기까지 했습니다. 또 '너희가 신학생이냐?', '나중에 목회할 거냐?'라고 말하면서 우리가 도를 넘어 행동한다고 질책하는 사람도 있었습니다. 그러면서 머리만 커지면 교회에 반항적이 된다고 이야기하기도 합니다.[20]

누군가의 눈에는 유난스러워 보였을 겁니다. 목회자도 아니면서 자꾸 성경 읽고 독서하자고 권하는 제가 불편했을 겁니다. 자꾸 책 사주고 밥 먹자고 하는 저의 모습이 낯설고 이상했을 겁니다. 어쩌면 너무 무례하다 생각했을지도 모릅니다. 불과 몇 년 전만 해도 날라리 같았던 서 집사가 어느 날부터 책 얘기만 하니까 이상해도 너무 이상했을 겁니다.

처음에는 저의 순수한 동기와 사랑이 처참하게 짓밟히는 기분이었지만 입장을 바꿔 생각하면 오해할 수도 있겠다 싶었습니다. 그때마다 예수님이 홀로 고단한 사역을 감당하신 과정을 묵상했습니다. 읽으면 읽을수록 교만해지는 것이 아니라 더 겸손해져야 함을 잊지 않으려 노력했습니다. 의심과 비난의 눈초리에 찔리고 잠시 위축돼도 옳은 길을 가고 있다는 믿음으로 견뎠습니다. 이런 마음과 각오 모두 책이 준 선물입니다.

저는 실제 저자를 만나 저자의 여정을 더 듣고 싶어졌습니다. 저자에게 제가 하고 있는 것이 잘못된 것이 아님을 확인받고 싶었습니다. 그래서 독서모임에서 그 책을 함께 읽은 후, 저자와의 만남을 진행했습니다. 저자의 경험담을 듣고 우리의 독서 과정과 책 이야기를 실컷 나눴습니다. 우리 모두 기독교 신앙에서 독서가 얼마나 중요한지 다같이 확인했습니다. 더불어 함께 읽는 독서 모임의 필요성도 더욱 확신하게 되었습니다.

덕분에 독서모임은 더욱 활력을 얻었습니다. 『독서 모임 대답은 있다 이야기』는 독서 전도자가 되고 싶은 제 마음에 불을 지폈습니다. 곧바로 행동에 옮기고 싶었습니다. 섬기는 교회를 넘어 다른 지역교회와 아직 예수님을 믿지 않는 사람들에게도 독서전도를 하고 싶었고, 그렇게 인도해 주시길 기도했습니다. 그러자 마음에 품기만 해도 들으시는 하나님께서 차츰 제 작은 소원에 응답해주셨습니다. 지역교회 독서모임을 진행하고 믿지 않는 분들과도 책을 통해 진리를 나눌 수 있는 기회가 열리기 시작했던 것입니다.

여러 세미나와 강연에도 열심히 참석하기 시작했습니다. 혼자 독서하는 것에만 머물지 않기로 한 것은 좋은 선택이었습니다. 그즈음 칼빈과 어거스틴, 김홍전 등의 저자도 소개받았습니다. 그들의 책을 탐독하며 주변에 계신 목사님들께 묻고, 해외에 계신 목회자나 학자들에게도 온라인을 통해 질문했습니다. 관련된 설교나 강의도 찾아 들었습니다. 감사하게도 모두 친절히 설명해주셨고, 자료도 보내주시고 좋은 책도 추천해주셨습니다. 진리를 향한 노력에 격려도 아끼지 않으셨습니다. 참으로 귀한 사랑을 경험했습니다.

한편으로 성도의 삶과 신앙의 여정에 주께서 허락하신 은혜의 방편들이 이렇게나 많다는 사실에 감사했습니다. 수많은 책이 기다리고 있다는 사실만으로도 일상과 제 삶은 결코 지루할 틈이 없었습니다. 많은 사람들과 책을 통해 성도의 교제 역시 나눌 수 있었습니다. 독서모임에 함께하는 사람들이 많아지고 삶과 신앙의 변화를 고백하는 목소리도 자주 들렸습니다.

그런데 어느 날부터 제 안에 또다시 해결되지 않는 다

른 답답함이 느껴졌습니다. 교회 안에만 갇혀 있다는 생각이었습니다. 저는 늘 이론에만 갇힌 기계적인 적용이 불편했습니다. 돌아보니 세상에서 일어나는 다양한 일들과 다양한 사람들의 삶에 대한 이해가 부족했습니다. 익숙한 틀에만 의존하다 보니 늘 뻔한 답만 마주했습니다. 실제 삶에서 일어나는 다양성에 대한 공감이 부족했습니다.

무엇이 문제일까 고민했고, 그동안의 독서 과정을 복기했습니다. 책을 읽으면서 문자적으로만 종속되어 있던 것은 아닌지 돌아보았습니다. 독서가 삶으로 연결되어 살아 있는 지식이 되려면 무엇이 필요할까 생각했습니다. 아무리 많은 책을 읽어도 스스로 사고하지 않으면, 비록 읽고는 있으나 결국은 타인의 사고에만 기대는 것에 불과합니다. 그것은 형식에 갇힌 신앙생활과 다를 바 없습니다.

용수철에 무거운 짐을 계속 놓아두면 탄력을 잃게 되듯이, 많은 독서는 정신의 탄력을 몽땅 앗아간다. 그러니 시간이 날 때마다 아무 책이나 덥석 손에 쥐는 것은 자신의 사고를 갖지 못하게 하는 가장 확실한 방법이라 할 수 있다. 학식을 쌓을수록 대부분의 사람들이 원래의 자신보

다 더욱 우둔하고 단조로워지며, 그들의 저작이 결국 실
패로 돌아가는 것도 이러한 독서 습관 때문이다. ... 독자
적 사고로 알아챈 것은 책에서 그냥 얻은 것에 비해 100
배는 더 가치가 있다. 왜냐하면 그렇게 해야만 그 진리는
불가결의 부분이자 살아 있는 구성 요소로 우리 사고의
전체 체계에 들어와서, 그 사고 체계와 완전하고 확고한
관련을 맺으며, 그 근거와 결론이 모두 이해되어 우리의
전체 사고방식의 색깔, 색조 특징을 띠기 때문이다.[21]

많은 생각 끝에, 자신의 사고가 마르고 있다는 것은
눈치 채지 못한 채 습관에 따라 양만 많았던 독서의 부
작용을 발견했습니다. 단순히 습득하기에만 바쁜 진리는
자기 것으로 체화되지 않는다는 생각에 정신이 번쩍 들
었습니다. 글을 읽는 그 순간에는 박식해지는 것 같았지
만 실제로 선용되지 못한다면 잠시 멈추는 것도 필요했
습니다.

음식을 너무 많이 섭취하면 위를 망치고, 따라서 몸 전
체를 해치는 것처럼, 정신의 자양분을 너무 많이 섭취하
면 영양 과잉으로 질식해버린다. 왜냐하면 책을 많이 읽
을수록 읽은 흔적이 그만큼 정신에 적어지기 때문이다.
다시 말해 정신은 글씨를 지우지 않고 겹쳐서 써놓은 흑

판처럼 되고 만다. 따라서 읽은 것을 되새기지 못하게 된다. 하지만 음식이란 먹는다고 우리 몸에 양분이 되는 것이 아니라 소화를 해야 그렇게 되는 것처럼, 되새겨야 만 읽은 것이 자기 것으로 된다. 반면에 끊임없이 책만 읽고 나중에 그것을 계속 생각하지 않으면 읽은 것이 뿌리를 내리지 못하고 대부분 사라지고 만다.[22]

책상머리 사고의 한계는 니체의 말대로 독자적 사고를 할 능력을 점차 상실하게 되고 새로 읽은 것이 자꾸 많아질수록 이전에 읽은 것이 더 빨리 잊혀질 뿐이었습니다.[23] 니체의 말이 약이 되었습니다.

나에게 책이란 무엇인가 다시 질문했습니다. 차분하게 독서의 이유와 목적을 점검하고, 다른 사람들을 대하는 태도를 돌아보며 기도했습니다.

'하나님, 제가 말씀을 깨닫고 믿고 배운 대로 실천하는 삶이 되기를 원합니다. 책이 주는 능력을 잘 이해하고 바르게 사용하기를 원합니다. 영혼을 살리고 세우는 데 책을 선용하는 지혜를 주세요. 건강한 이성을 주셔서 어떤 것에라도 균형과 질서를 놓치지 않게 도와주세요.'

| 이웃과 세상을 향한 독서

지금까지의 독서를 통해 성도의 읽기는 자기 유익만을 위해서가 아니라, 보편교회와 세상이 어떠한지를 알고 다른 이의 환경을 이해하고 섬김을 목적으로 할 때 유익하다는 것을 발견했습니다. 독서와 개인의 영성, 이웃, 그리고 하나님 나라를 통합하기 위해 끊임없이 노력해야 함도 깨달았습니다. 그런 노력이 소홀해지면 지식의 축적만 있을 뿐 아무런 기쁨도 보람도, 어떠한 삶의 열매도 없을 것입니다.

> 논리만이 세상을 지배하는 것이 아니라 비논리 역시 세상을 지배한다. ... 비논리에는 '나는 안다'라는 착각을 단숨에 깨트리는 힘이 있다. 그래서 진리를 지키려면 비논리도 이해해야 한다.[24]

그렇게 이웃과 사회를 향한 관심이 깊어질수록 인문, 철학, 사회, 문화, 문학, 심리 등 다양한 분야의 책으로 눈을 돌리기 시작했습니다. 이전에는 옳고 그른 것을 분별하는 독서에 몰입해 있었다면 이때부턴 삶의 난제들을 연습시켜 주는 책들도 읽고자 노력했습니다.[25] 개인과 교회를 넘어 더불어 사는 이웃의 모습과 사회의 현실을 바로 보고 싶었습니다.

교회는 왠지 이웃과 사회문제에 별로 관심이 없어 보입니다. 그래서 세상으로부터 독단적이고 배타적이라는 말을 종종 듣습니다. 사회에 무슨 일이 일어나고 있는지, 무엇이 문제인지, 사람들은 기독교에 대해 왜 그토록 반감이 심한지 제대로 알고 싶었습니다. 동시대를 함께 살아가는 우리의 문제들을 진심으로 알고 싶었습니다. 본질을 말하고 설득하는 사람이 되기 위해 저만의 방법을 찾고 싶었습니다.

고차원적 지식과 배움은 무조건 좋다고 생각하는 사람들이 있다. 그러나 공부는 자신에게 어울려야 한다. 나의 필요와 관심사와 동기와 목적과 부합하지 않는 차원의 배움을 추구하는 것은 허세일 뿐이고 자신과 타인에게 무익하다.[26]

삶의 현장에서 하나님의 의도대로 살아가며 언제나 하나님을 사랑하고 이웃을 섬기는 목적 있는 독서를 하고 싶었습니다. 진리를 드러내고 진리로 사람을 변화시키고 진리로 세상이 변혁되는 데 지혜롭게 참여하고 싶었습니다. 단순히 책상 위에서 텍스트에 지문을 찍어 가며 씨름하는 평면적인 학습과는 다른 공부를 하고 싶었습니다.[27] 인격에 공부의 열매를 맺고 싶었습니다.[28]

독서의 가장 탁월한 열매는 겸손입니다. 저는 겸손의 열매를 계속 맺어가고 싶습니다. 계속해서 성장하고 성숙하기 위해, 타인을 이해하고 복음을 전하기 위해 끊임없이 모여 책을 읽고 삶과 신앙을 나누고 싶습니다. 앞으로는 깊이 사고하는 능력을 키우고 본질을 해석하고 적용하는 연습을 반복할 것입니다. 관념에 그치지 않고 실천하는 믿음과 지식과 사랑으로 나아가고 싶습니다.

독서가는 호기심이 특별하고, 생각이 많고, 마음이 열려 있으며, 터놓고 이야기하길 좋아하는 사람이다. 그에게 독서는 세상과 격리된 서재에서 하는 활동이 아니라 탁 트인 공간에서 활기차게 운동의 성격을 지니고 있다. 그는 순탄한 평지를 터덕터덕 걷고, 그러다가 그는 언덕길을 점점 더 높이 올라간다. 그러다 보면 대기가 들이쉬기가 미안할 정도로 순수해진다. 그에게 독서는 절대로 자리에 앉아서 추구하는 즐거움이 아니다.[29]

앎의 환희를 즐기는 것에서만 멈추지 않고 배운 것을 어떻게 이웃에게로, 삶의 현장으로 흘려보낼지 계속 고민하려 합니다. 어떻게 하면 성경과 책과 세상과 사람 사이에서 진리를 녹여낼 수 있을지, 어떻게 하면 사람들에게 독서의 유익을 나누고 그들과 함께 책을 읽을 수 있을지 계속 고민하고 더 치열하게 실천해보려 합니다.

그리스도인들은 우리가 주장하는 당위를 지지할 근거를 성경 텍스트에서 끌어온다. 그런데 성경 텍스트에서 답을 찾는 일이 오늘 우리가 서 있는 콘텍스트를 읽어내는 데서 출발하지 않는다면 교조적인 시각을 넘어설 수 없다. … 이 시대의 교회와 사회문제를 해결하기 위해 더 열심히 성경을 연구하고 천착한다면서, 그 텍스트를 해석하는 토대인 콘텍스트에 대한 치열한 고민과 해석을 전제하지 않으면 텍스트 속에서 길을 잃게 된다.[30]

마지막으로 우리가 사는 시대와 사회를 탐색하고 사람들의 다양한 삶의 방식을 읽으려 합니다. 저의 신앙이 사적 영역과 교회의 영역에만 머무르지 않고, 세상 모든 영역에 다가갈 수 있으면 좋겠습니다.

텍스트를 넘어 우리가 살고 있는 콘텍스트에 대해 고민하지 않으면 자신에게 매몰될 수밖에 없다. … 비판적으로 성찰한다는 것은 주어진 것을 수용하는 태도를 넘어 우리 자신과 공동체, 사회에 대해 치밀하고 치열한 문제의식을 가지고 이에 참여한다는 것이다. ... 참된 비판적 성찰 능력은 텍스트만을 고집하지 않고 텍스트가 적용되는 콘텍스트로 우리의 관심을 반드시 전환시킨다. 이로써 개인이 속한 교회와 사회의 변화를 가져올 수 있다.[31]

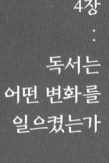

4장
:
독서는
어떤 변화를
일으켰는가

"너희가 거저 받았으니 거저 주라"(마 10:8)

내가 책을 읽어서 변해왔던 사람이기 때문에
더욱 공감했을 수 있어요. 우리는 물론 사람
에게도 영향을 받지만, 책은 미세한 생각을
바꾸게 해줍니다. 더 섬세한 것들, 어떻게 보
면 눈에 보이지 않을지 모르지만. 그런 것들이
결국은 인생을 끌어가는 거지. 종이책, 전자
책 나눠서 왈가왈부하고 싶지는 않고. 인류의
가장 혁명적인 성취는 글과 책이에요.

| 어수웅, 『탐독』 (서울:민음
사, 2016), 138

| 변화를 품다

많은 사람들이 변화를 싫어하고 두려워합니다. 갑작스런 변화와 뜻하지 않은 성장에 신자들도 종종 겁을 냅니다. 하나님이 뭔가 큰 일이라도 맡기실 것 같아 두렵고, 다른 사람들의 의심스러운 시선이 부담스럽기도 합니다. 설령 어떤 변화가 있다 하더라도 여러모로 부족한 자신을 보면서 지나친 자기검열에 스스로를 기만하기도 합니다. 이렇듯 익숙한 것을 바꾸는 일은 언제나 힘이 듭니다.

변화는 자기 상태가 바뀌어 달라지는 것이고 자기가 믿는 대로 아는 대로 행동하는 것입니다. 즉, 누구 눈치

볼 일이 아닌 자기에게 정직한 태도입니다. 진심으로 간절하게 열망하는 것을 선택하고 결단하는 것입니다.

우리를 헷갈리게 하는 것은 아마도 폭넓은 지식이 아니라 불완전한 지식일 것이다. 막연한 지식은 사람을 혼란스럽게 만들기도 하고 잘못된 확신을 불어넣기도 한다. 반면 명확한 지식은 사물의 본래 색깔과 크기를 분명하게 보여 준다. 잘못을 바로잡는 방법은 더 많은 정보를 얻는 것이지 줄이는 것이 아니다.[1]

성도는 자기 신앙에 걸맞은 자기 혁신이 필요합니다. 자기 내면을 남은 생애 동안 죽을 때 그랬으면 하고 바라는 상태에 맞출 수 있도록 엄밀하게 검토해보아야 합니다.[2] 나의 생각과 원칙을 확정해야 합니다.[3] 자기 신앙에 대한 분명한 지식으로 분별력을 키우고 올바른 판단을 위해 수많은 책에 조언을 구해야 합니다.[4]

책은 무수한 방법으로 우리의 호기심을 충족시키고 자극한다. 우리를 생각하게 만든다. 우리가 한 지점에서 다른 지점으로 건너가도록 재촉한다. 우리에게 다양한 종류의 생각을 직접 보여주고 간접적으로 제안한다. 잘 쓰인 책에서 우리는 비범한 두뇌가 만들어낸 가장 성숙

한 성찰 혹은 가장 황홀한 고양감과 마주한다.[5]

처음엔 저도 과거와 너무 달라지는 모습 때문에 간혹 '적당히 좀 해라, 유별나다, 독특한 캐릭터다, 쟤 예전엔 정말 날라리였는데'라는 말들을 자주 들었습니다. 속상하기도 했지만 한편으론 기뻤습니다. '내가 바뀌긴 바뀌었나 보다, 그래, 나 날라리였지, 그런데 이제는 안 그렇잖아, 바뀌었잖아'라고 생각하면서 망설이지 않기로 했습니다. 누가 뭐라 하든 제 길을 가자고 스스로 격려했습니다.

하나님께 예전과 달라진 저를 지적하는 사람들의 말을 피하지 않게 해달라고 매일 기도했습니다. 그때마다 예수님의 십자가를 묵상했습니다. 저의 고충과는 감히 비교할 수조차 없는, 홀로 외롭게 우리들의 변화를 위해 십자가의 길을 걸어가신, 수많은 비난과 조롱에도 아버지의 말씀에 순종해서 죽으시고 우리를 살리신 예수님의 고귀한 삶을 묵상했습니다.

아우구스티누스에게 책이 개종하는 데 결정적인 역할을 했듯이 저의 삶과 신앙에도 책이 미친 영향은 이루 말할 수 없습니다. 그럴수록 점점 나의 정체성이 분명해지면서 어떻게 살아야 할지, 무엇에 집중해야 할지 고민하고 기도했습니다. 삶의 우선순위가 바뀌고 그 내용이 달라지기 시작했습니다. 삶의 내용에 따라 저만의 습관이 생기고 일상의 루틴이 바뀌었습니다.

하나님과의 관계 설정이 분명해지고 말씀을 깨달을 때마다 내적 자존감이 올라가고 자유로워졌습니다. 살면서 한 번도 저 자신에게 확신하며 살아본 적이 없었는데, 생명의 근원이신 하나님의 말씀과 독서를 통해 더 이상 세상의 방식에 의존하지 않고 자기주도적인 삶을 살게 되었습니다. 다른 사람들과 비교하지 않고 열등감에서 벗어나기 시작했습니다. 저라는 존재의 부르심을 확인하고 생의 유한성을 깨닫고 나니 정말 제대로 살고 싶어졌습니다. 제 안에 어떤 자질이 있는지 찾고 제가 있는 곳에서 필요한 사람이 되고자 노력했습니다.

| 은혜의 자리를 사모하다

독서를 통해 예배와 기도하는 자리, 말씀이 선포되고 그것들을 묵상하는 자리가 소중하고 즐거워졌습니다. 신자의 변화는 예배의 자리를 얼마나 즐겨 찾고, 말씀이 선포되는 자리를 얼마나 즐거워하는지 보면 알 수 있습니다. 어떻게 살아야 하는지를 두고 고민할 최적의 시작점이 바로 예배임을 깨닫게 되었습니다.[6]

은혜받는 자리가 어디인지, 하나님이 기뻐하시는 자리가 어디인지 깨닫고 난 후부터는 모든 공예배에 열심히 참여하게 되었습니다. 또 예배를 위해 제가 섬길 수 있는 일들을 찾게 되었습니다. 하나님께서 말씀을 듣고, 기도하고, 찬송하고 싶은 마음을 주시니 그저 감사할 따름이었습니다.

하나님의 말씀에 집중하며 기도에 몸과 마음을 맡겼습니다. 더 이상 신비적인 체험을 추구하지 않았고, 보이지 않는 하나님을 보여달라 떼쓰지도 않았습니다. 하나님의 약속의 말씀이 제 안에서 일하시니 다른 증거가 필요하지 않았습니다. 저의 영혼과 삶의 문제들을 하나님 앞에서 진지하게 나누고 교제하며 듣는 기도의 시간이 즐거워졌습니다.

여기에 더해 책을 읽고 말씀을 읽으면서 읽은 내용을 기도에 적용하기 시작했습니다. 제가 불완전하고 결핍된 존재라는 사실을 인정하고 나니 제 욕망보다 하나님이 주시는 마음과 생각에 더 집중할 수 있었습니다. 책을 통해 내가 아닌 하나님과 이웃에 더 집중하게 되니, 어느 순간부터 가족은 물론 교회와 다른 사람들을 위한 기도가 절로 나오기 시작했습니다. 다른 사람의 영혼을 위한 기도에 마음을 쏟기 시작했습니다. 읽고 들은 말씀이 기도가 되고 영혼을 향한 마음이 점점 더 간절해졌습니다. 결코 쉬운 일은 아니었습니다. 결국 거룩한 삶은 반복과 연습이 필요한 것이었습니다.

성경을 읽을 때마다 성령님께서 말씀의 퍼즐 조각을 맞춰 주시는 것 같았습니다. 여기저기 흩어져 있는 진리의 구슬을 꿰어 저의 목에 걸어 주시는 것 같았습니다. 책을 읽을 때마다 문장과 단어들이 살아 숨쉬며 제 안에서 움직이는 게 느껴졌습니다. 그 안에 있는 하나님의 계명이나 교훈이 가슴에 닿았습니다. 책에서 말하는 메시지가 저의 영혼을 일깨웠습니다.

하나님을 만나니 삶의 모든 패턴이 단순하게 응축되어 갔습니다. 성경과 책은 제 삶을 완전히 새롭게 초기화했고, 꼭 해야 할 일과 하지 말아야 될 일을 단순하고 명확하게 정리해 주었습니다.

| 독서력과 지적 성장

성경과 책을 읽으면서 삶의 가치와 원리도 배웠습니다. 맹목적이지 않은 지적인 사고를 할 수 있게 되었고 삶에서 중요한 것이 무엇인지, 어떻게 살아야 하는지 분별하는 눈이 조금씩 생겼습니다. 저는 세계관을 바꾸고 삶의 방향을 선명하게 하는 독서를 경험했습니다. 이에 책을 읽으면서 수많은 생각을 수집하고 묵상하고 실천하고자 노력했습니다. 다양한 저자들의 이야기와 통찰을 삶에 적용해보고자 애썼습니다. 그 과정을 통해 조금씩 변화가 일어났습니다.

먼저 성경과 신앙고전을 접하며 삶과 신앙의 기본적인 개념과 논리, 기독교 신앙에 대한 역사와 사상을 집약하고 체화시키는 훈련이 얼마나 중요한지 알게 되었습니다. 인간 본성에 대한 이해와 삶과 죽음에 관한 참신한 통찰들을 배우며 끊임없이 학습하고 성장하는 일이 얼마나 중요한지도 확신하게 되었습니다. 성경이 인생의 지도이자 삶의 기준이 되었고 경건 도서들이 훌륭한 안내자가 되어주었습니다.

다양한 책이 지적인 자극을 주었고, 책이 소개하는

책을 끊임없이 따라 읽었습니다. 자연스레 우리가 사는 사회와 이웃의 삶이 궁금해지기 시작했습니다. 뜻밖의 일과 현상들에 흥미가 생기고 세상의 고통과 어려움에 마음이 갔습니다. 인류가 처한 상황과 지금 이 시대를 살아가는 사람들의 고민을 알고 싶어졌습니다.

더불어 역사 속 사상가들이 무엇을 읽었고 어떤 사람들과 어떻게 교제했는지도 알고 싶어졌습니다. 그들에게 영향을 준 책들은 무엇인지, 그들이 칭송하는 사람들은 누구인지 궁금해졌습니다. 그들에게는 어떤 습관이 있었는지, 어떻게 사유하며 통찰을 얻었는지, 어떤 기록을 남겼는지 역시 궁금해졌습니다. 궁금증을 계속 따라가는 가운데 저의 독서는 여러 의미에서 확장되어 갔습니다.

> 하나의 주제는 여러 주제와 연결되어 있게 마련입니다.
> ... 자연스럽게 '관심의 연쇄작용'이 이루어지는 것입니다.
> 관심의 확장이 반복되면, 다양한 사회적 문제들이 모두
> 내 문제처럼 여겨집니다. 어느 순간 독서량이 폭발적으
> 로 늘어나는 것은 그 때문입니다.[7]

독서는 '자기 객관화'에도 도움을 주었습니다. 저의 주관적인 판단이 줄고, 되도록 균형을 놓치지 않으려 애쓰

게 되었습니다. 책을 읽으면서 조금씩 자기를 탐색하다 보니 나는 어떤 사람인지, 무엇이 정직하고 공정한 감정 인지 찬찬히 들여다보게 되었습니다. '자기 세계'가 넓어 지고 인식의 지평도 확장되는 것을 경험했던 것입니다.

새로운 주제에 대한 호기심에 적극적으로 대응하기 위해, 또 삶의 새로운 가능성을 탐색하기 위해 어떤 책 이든 과감히 도전해보자고 마음먹게 되었습니다. 점차 저만의 자기주도적인 독서편력이 생겼습니다. 저자의 권 위에 눌리지 않고, 책의 두께에 기죽지 않고 어떤 책이든 두려워하지 않고 일단 읽어보자는 마음이 생겼습니다.[8]

독서는 인생의 관점과 가치와 활동에 영향을 미치므 로 읽는 이의 삶의 서사를 바꿔 갑니다. 올바른 독서는 현명하고 진실하고 겸손해지는 법입니다.[9] 스스로를 과 대평가하지 않는 법입니다.[10] 이는 독서를 통해 신앙과 양심에 강렬한 채찍질을 받기 때문입니다.

텍스트를 통과하기 전의 내가 있고, 통과한 후의 내가 있 다. … 여운이 남고, 머릿속을 떠나지 않으며, 괴롭고, 슬 프고, 마침내 사고방식에 변화가 오거나 인생관이 바뀌 는 책이 있다. 즉 나를 다른 사람으로 만드는 책이 있다.[11]

어떤 책을 읽었는가는 어떤 의미에서는 우연한 일이지만,[12] 한편으로 그것은 또한 모두 필연적인 일입니다.[13] 한 권의 책을 읽을 때마다 우연을 가장한 하나님의 섭리를 느낄 때가 많았습니다. 반드시 변화가 필요해서 작정하고 읽히시는 것 같았습니다. 또한 결코 변해서는 안 될 것을 지켜가기 위해서 책을 읽히시는 것도 같았습니다.[14]

책을 읽으면서 지식의 축적에만 머무는 것이 아니라, 지식이 조금씩 삶의 근간을 구체적으로 이뤄가는 과정을 경험했습니다. 이젠 책을 읽기 이전의 상태로는 돌아갈 수 없게 되었습니다. 독서는 일평생 꾸준히 수행해야 할 태도라는 것을 늘 잊지 않으려 합니다.

| 정서의 안정과 회복

독서를 통해 늘 마음에 남아있던 불안과 두려움보다 평안이 더 앞서기 시작했습니다. 그것은 하나님의 자녀됨이 주는 놀라운 선물이자 자기다움의 발견에서 오는 기쁨이었습니다. 이는 성경을 통해 알게 된 진리와 다양한 책을 통해 쌓은 건강한 사고와 통찰 때문이었습니다.

사람은 인생에서 누구나 고난과 위기를 겪습니다. 저역시 살아오면서 많은 어려움을 겪었습니다. 하지만 지나고 보니 고난은 하나님을 더 친밀하게 만나는 계기가되었습니다. 위기는 인내의 시기로 저를 이끌어서 제 마음을 하나님께 더 깊이 의탁하도록 만드는 장치였습니다. 고통스런 나날도 있었지만 위기로 인해 하나님께 무릎을 꿇었고, 이를 통해 점점 하나님의 뜻을 깨닫게 되었습니다.

미쁘신 하나님의 계획을 신뢰하는 자의 자세는 고난의 시절을 기꺼이 견디는 것이었습니다. 그래서 교회를다시 찾고 예배에 열심을 다하며 성경과 좋은 책들을 읽는 것으로 인내의 시기를 채워갔습니다. 하나님께서는저를 훈련시키시고 다듬어 가셨습니다. 평생 말씀과 좋은 책을 놓지 않아야 할 이유가 분명합니다.

더 이상 세상의 논리에 휩쓸리지 않으려는 이유 역시분명해졌습니다. 끝도 없이 밀려오는 욕망에 타협하지않을 수 있는 용기와 그것에 저항할 힘이 생기기 시작했습니다. 읽기는 죄가 빛을 막아버린 세계에 다시 빛을 가져오기 때문에 치료하는 힘이 있습니다.[15] 저는 죄로 인해 보이지 않던 진리의 세계가 책을 읽음으로써 새롭게

보이는 것을 경험했습니다. 책이 눈의 약이고, 페이지가 최고의 치료가 되는 것입니다.[16]

그럼에도 아이들을 양육하는 문제 앞에서는 수없이 무너지곤 했습니다. 아이들의 신앙과 정서보다 입시 위주의 교육 현실 앞에서 도저히 자유할 수 없었습니다. 아이들을 제도권 방식에 강제로 밀어넣으면서 한편으론 신앙에 대한 양심의 가책에 매번 마음이 눌렸습니다.

감사하게도 아이들이 하나님께서 잠시 저에게 맡기신 귀한 선물이라는 것을 깨닫는 데에는 그리 오랜 시간이 걸리지 않았습니다. 이 역시 성경과 이런 상황에 관련된 좋은 책들의 도움을 적잖이 받은 덕분입니다. 아이들은 부모의 소유도 아니고 부모의 대리만족이나 보상을 위한 상품도 아님을 깨달았습니다. '자녀를 노엽게 하지 말라'고 하신 말씀을 오랜 시간 묵상하며 세상의 방식을 따르는 것에서 돌아섰습니다. 아이들을 인격적으로 대하고, 각자에게 주신 소질을 발견하고, 연마하도록 돕고 기다리고 견디는 부모가 되었습니다. 하나님의 시간 안에서 순리대로 자녀를 양육하니 아이들은 이전보다 훨씬 강인하게 성장했습니다.

아이들은 부모의 등을 보고 자란다는 말이 있습니다. 부모의 말과 성품과 습관에 영향을 받는다는 의미입니다. 책을 읽고 실천하는 엄마가 되기로 결단할 수 있었던 것도 아이들 덕분이었습니다. 아이들과의 관계가 개선되면서 함께 예배하고 기도하고 책을 읽었습니다. 이렇게 양육 태도가 변하자 저와 아이들은 점점 모든 것을 소통하고 공감하고 격려하는 친구가 되어 갔습니다.

| 검소와 절제

책이 가진 소박한 물성 때문인지, 아니면 책에 대한 행복한 소유욕이 다른 욕구들을 반감시킨 탓인지, 저에게 일어난 여러 변화들 중 두드러지는 모습 하나가 바로 소유에 대한 마음, 즉 '부의 개념'이었습니다.

자기 돈을 다른 사람에게 주고 나눈다는 것은 결코 쉬운 일이 아닙니다. 가족에게조차 인색한 사람들도 많습니다. 여기서 성도에게 재물에 대한 관점은 반드시 짚고 넘어가야 할 문제입니다. 물질은 자기 유익을 위해서만 사용하는 것이 아니라 이웃의 유익을 위해서 선용해야 한다는 것이 성경의 분명한 가르침이기 때문입니다.

하나님께서는 저에게 그 부분을 연습시키셨습니다.

돈이 많을 때의 위험 가운데 하나는 돈이 주는 행복에
만족한 나머지 하나님의 필요성을 깨닫지 못하는 것입
니다. 수표에 사인만 하면 만사가 해결되는 것처럼 보일
때에는 자신이 매 순간 전적으로 하나님께 의존해야 할
존재임을 잊기가 쉽습니다.[17]

사실 은혜받기 전에는 부모님이나 형제자매도 눈에 잘
들어오지 않았습니다. 오직 제 가족에게만 집중되어 있
었습니다. 부모님에게 돈을 사용하는 것에도 의무적이었
고 순수함도 없었습니다. 그러나 하나님께서는 부모님이
나 형제자매에게 진심 어린 애정과 각별한 마음이 생기
도록 회복시켜 주셨습니다. 제게 허락하신 삶의 형편에
감사하게 되었습니다. 하나님의 은혜가 아니었다면 지금
도 여전히 제 식구만 챙기는 못난 딸이었을 겁니다.

하나님께서는 어려운 이웃과 교우들의 형편도 외면
하지 않도록 늘 마음에 부담을 주시곤 했습니다. 그러자
말씀을 가르치는 목회자들을 향한 마음도 극진해졌습
니다. 한참 공부하는 신학교 전도사님들, 해외에서 어렵
게 공부하는 분들, 고생하시는 선교사님들, 기독교 출판

166

읽기:록

사들에게까지 눈과 마음이 향했습니다. 그들의 사역과 학업, 운영의 원활함을 위해 함께할 수 있는 방법을 찾고자 했습니다.

특별히 출판사는 말씀과 책을 통해 진리와 지혜의 양식을 주는 소중한 사람들이 일하는 곳입니다. 제가 감당할 수 있는 선은 한계가 있기에 늘 주변에 책을 소개하고 함께 공유했습니다. 어려운 기독출판 시장에서도 괘념치 않는 이들, 꾸준히 양서를 발굴하고 출판하는 소중한 이들을 외면할 수 없었습니다. 책을 좋아하는 사람은 저자와 출판사에게도 늘 빚진 마음이 있게 마련이니까요.

진정으로 용기 있는 사람은 의무와 공공선이 요구할 때 흔쾌히 무수한 욕망을 포기한다고 합니다.[18] 그렇기에 저는 재물 앞에서 겸손하고 주변을 살피는 선한 관찰자가 되고자 노력했습니다. 주위 사람들의 환경을 둘러보고 배려하는 것을 배워갔습니다. 누군가의 필요에 제가 응답이 될 수도 있다는 것을 깨달았습니다.

또한 방만하고 불필요한 지출을 줄이려고 노력했습니다. 사치와 방종보다는 어디에서 지갑을 열어야 하는지를 늘 고민했습니다. 지금도 여전히 의미 있는 소비가 삶을 더 풍족하게 한다는 것을 경험하고 있습니다. 인생에서 최대 비극은 삶의 수단에 집착하느라 삶의 목적을 잃어버리는 것입니다.[19]

물질을 사용하는 삶의 가장 적정한 균형은 절제에서 비롯된다는 것도 배웠습니다. 저는 자기 의에 과도하게 사로잡혀 무모하고 감정적으로만 사용하지 않으려 노력했습니다. 자기 물질이 적절한 곳으로 바르게 흘러가는 것인지 분별하고자 했습니다. 이처럼 더 중요한 가치에 집중하고 그 일에 보람이 있어야 끊임없이 자원을 나눌 수 있습니다.

절제는 인색함과 한없는 관대함 사이에서, 비겁함과 무모함 사이에서 균형을 잡는 것입니다.[20] 현명한 판단과 균형 잡힌 결정은 절제에서 나옵니다. 따라서 올바른 섬김의 삶을 위해 절제의 이유를 분명히 알고 연습해야 합니다. 절제에 깃든 윤리적 의미와 공동체적 가치를 기억하고, 절제의 기술을 계속 연마해야 합니다.

앞으로도 하나님이 제게 허락하신 자원을 낭비하지 않고, 적절히 흘려보낼 수 있는 지혜를 주셨으면 좋겠습니다. 그리고 우리가 나눌 수 있는 것이 꼭 물질에만 제

한되지 않는다는 것을 늘 기억하려 합니다.

하나님의 경제는 다른 사람들의 유익을 위해 자신의 소유를 관대하게 사용하는 데서 발견되는 부의 즐거움을 지지합니다.[21] 내가 무엇을 가치 있게 여기는지, 어디에 물질을 사용할 때 기쁨과 보람을 느끼는지 생각합시다. 돈을 어디에 어떻게 사용할 것인지 늘 지혜를 구합시다. 소비주의, 오락, 여가, 많은 재산에 생명과 기쁨이 있다는 거짓된 약속에서 돌이켜 생명을 위한 나눔의 삶으로 나아가면 좋겠습니다.[22]

| 시간을 선용하다

독서를 통한 사색이 주는 또 다른 큰 유익 중 하나는 바로 시간에 대한 통찰과 자성이었습니다. 독서를 하는 동안 인생에서 남은 시간을 어떻게 사용할지에 대해서도 많이 생각했습니다. 그동안 지나온 시간을 어떻게 사용하고 있었는지, 일상에서 버려지는 시간은 없었는지 돌아보았습니다. 받은 은혜와 복음의 비밀을 전하기 위해 어떻게 하면 보다 많은 사람들에게 시간을 낼 수 있을까 고민했습니다.

말씀을 묵상하고 책을 읽으려면 주어진 시간을 쓸모 있게 사용해야 했습니다. 살림하고 독서모임을 하고 교회를 섬기며 개인의 독서시간을 확보하려면 정말 부지런해야 했습니다. 그렇게 한정된 시간을 잘 사용하기 위해서 집안일을 신속하게 하고 각종 미루는 습관을 하나씩 고쳐갔습니다. 텔레비전 시청을 현저하게 줄였고 시간이 많이 드는 장보기보다 온라인 쇼핑을 이용했습니다. 시간이 과하게 들었던 불필요한 취미활동도 줄여갔습니다. 이것을 통해 과도한 소비를 줄이는 것과 시간을 규모 있게 사용하는 일은 매우 밀접한 관계였음을 경험적으로 깨닫게 되었습니다.

그런데 저에게 할당된 시간이라고 해서 다 제 것은 아니었습니다. 모든 날이 주의 날이라고 했습니다. 매일 반복되는 일과 책임져야 할 일들에 최선을 다하되, 자기 영혼과 다른 사람들의 영혼을 위해 시간을 선용하는 것이 성도의 도리라 여겨졌습니다.

시간을 아껴야 하는 목적과 그 시간의 용도는 궁극적으로 모두 하나님을 위한 것이어야 한다. ... 모든 시간은 풀을 베든 낫을 갈든, 여행을 하든 여행을 준비하든, 하나님을 섬기거나 하나님을 섬기기 위해 준비하는 것으로 사용되어야 한다. ... 우리가 선을 행할 기회가 있는 사람, 특별히 하나님이 우리에게 맡긴 자녀들과 종들과 다른 사람들의 영혼을 위해 시간을 아껴야 한다.[23]

예전에는 텔레비전 시청만 줄이면 되었는데, 요즘은 제 주변만 봐도 미디어 중독에 빠진 분들이 많습니다. 하루 종일 유튜브를 보고, 밤새도록 넷플릭스에서 헤어 나오지 못한다고 합니다. 홈쇼핑이나 각종 채널에 시간 가는 줄 모른다는 푸념도 여기저기서 들립니다. 더러는 모였다 하면 주식과 코인, 부동산 얘기로 몇 시간씩 낭비합니다. 우리가 우리의 영혼을 돌보는 시간에 인색하다는 것이 가장 근본적인 문제입니다. 말씀과 책을 읽으면서 생각하는 시간을 가져야 하는데 그 시간을 온갖 미디어가 차지해버렸습니다.

자기도 모르는 사이에 생각하지 않는 습관이 배고 스마트폰 화면을 누르는 손가락만큼이나 성미가 부산해져 무엇 하나 골똘히 집중하지 못한다. 사용자의 이런 상황을 알기에 온라인상의 어휘는 클릭 수나 체류 기간을 높일 목적으로 더욱 직감적이고 자극적으로 되어 가고 이제 그런 어휘들조차 단조롭다. ... 사유, 추론, 음미, 상상, 사색 등이 끼어들 틈은 없다. 내면에 집중할 시간을

스스로에게 내어주지 않는다는 소리다. 정신적 존재인 인간은 그에 따른 후유증을 피할 길이 없다.[24]

디지털 환경의 위험으로부터 자신을 지키지 않으면 인간만이 가능한 '생각하는 능력'을 잃어버립니다. 또한 사람들과 소통하고 공감하고 교제하는 능력이 사라집니다. 긴 글을 읽지 못하며 이야기를 이해하고 소화하는 능력이 현저히 떨어집니다.

무엇보다 심각한 것은 성경에서 말하는 참된 성도의 교제가 진부하고 따분해진다는 데 있습니다. 모이는 일에 소홀해지다 보면 공동체 의식이 사라지는 법입니다. 따라서 일상에서 무엇에 가장 많은 시간을 사용하는지 확인하고, 소모적인 시간을 줄이고 책을 읽으며 사고하는 시간을 더해야 합니다.

디지털 문화의 홍수 속에서 사람들은 점점 더 서로를 비교하고 시기합니다. 그로 인해 낙심하고 조급해지면서 불필요한 심리적 경쟁으로 인해 우리의 영혼은 점점 피폐해져갑니다. 자기만 불행하다 여기고 무기력과 우울에 시달립니다. 이 모든 것이 시간을 건전하게 사용하지 않는 데서 오는 폐해 같습니다.

혹자는 아이들이 커갈수록 남는 시간을 어떻게 보내야 할지 모르겠다고 호소합니다. '빈 둥지 증후군'을 겪는 것입니다. 저는 주변 사람들을 만날 때마다 자주 이야기했습니다. 결국 자녀들이 성장하고 독립하면 시간적인 여유가 생길 텐데, 그때 가면 늦으니 미리 대비해 남은 인생에 집중할 수 있는 자기만의 테마를 만들어가야 한다고 말이죠. 어느 시점부터는 인생 후반을 위해 미리 자기만의 은사를 찾고 개발해야 되지 않을까요? 그것이 남은 인생을 보람되게 살 수 있는 좋은 방법들 중 하나라 생각합니다. 미리미리 준비하고 연습해야 합니다.

이렇듯 시간을 관리하다 보면 결국 일상이 단순해진다는 것을 알 수 있습니다. 꼭 해야 할 일과 중요한 일, 하고 싶은 일을 규모 있게 살피는 가운데 산만했던 삶의 군더더기들이 정리될 것입니다. 저의 경우 무분별하고 무의미하게 보냈던 시간, 무계획한 지출, 소모적인 인간 관계들을 정리했을 때 생각보다 많은 시간들을 확보할 수 있었습니다.

단지 꼭 필요한 일들만 선택하고, 우선순위에 집중했을 뿐인데도 책 읽을 시간을 충분히 확보할 수 있었습니다. 삶의 우선순위와 인생에서 가치 있는 것이 무엇인지 분명해지면 진심으로 하고 싶은 일이 생기고 그 일을 위해 집중하는 삶이 됩니다.

일상이 간소하고 단순해질 때, 놓쳤던 것들이 보이게 됩니다. 내 삶에서 진정 중요한 일이 무엇인지 생각하고 기도할 수 있게 되는 것입니다. 그렇기에 모든 날의 주인이신 하나님 앞에서 주어진 시간 중 놓치고 있는 것은 없는지 돌아봐야겠습니다. 인생의 주인이신 하나님의 거룩한 백성으로 남은 인생을 어떻게 살 것인지 점검하고 기도해야겠습니다.

| 혼자 있는 시간의 힘

시간을 사용하는 일에서 가장 중요한 것은 혼자 있는 시간입니다. 삶과 혼자 있는 시간은 무슨 상관이 있을까요? 성도는 삶의 기준이 되는 하나님의 말씀 앞에 오래 머무르는 시간이 필요합니다. 저는 혼자 고요할 수 있는 시간, 말씀 안에서 하나님과 독대하는 시간이 좋았습니다. 혼자 책을 읽으면서 책 속의 저자와 만날 때면 간혹 이대로 혼자여도 충분하다 싶을 정도로 행복했습니다. 그렇게 혼자 있는 시간에만 느낄 수 있는 충만함을 경험하며 혼자 있는 시간이 주는 가치를 발견했습니다.

혼자 있어 보라. 혼자 그윽함에 머물면서 자기 내면을 돌아보는 일에 부지런해 보라. 나는 당신에게 고독을 권유한다. 고독을 권하는 것은 혼자 있는 시간을 통해서만 존재의 심연에 이를 수 있는 까닭이다.[25]

혼자 있는 시간의 중요함을 깨닫고 난 이후에는 좀 더 적극적으로 그러한 시간을 만들고자 했습니다. 철저히 혼자가 되어 온전한 자기와 대면하는 시간을 가지고자 노력했습니다.

고독하지 않으면 자신을 깊고 풍요롭게 만드는 농밀한 시간을 얻을 수 없습니다.[26] 혼자만의 시간이 없으면 자신의 샘을 파내려 갈 시간도 없습니다.[27] 혼자 있는 시간이 중요한 진짜 이유는 그때가 자기 안의 본성과 만날 수 있는 시간이기 때문입니다.

고독이란 일상적인 일, 의존하는 대상, 여러 가지 역할로부터 가능한 한 거리를 둔다는 의미다. 고독은 우리로 하여금 일상생활에서는 불가능한 만큼 직접적으로 우리 자신을 대면하도록, 그래서 우리가 진정 누구이며, 무엇을

신뢰할 수 있는지를 배우도록 우리를 부른다. ... 고독은
공동체를 가능하게 만들어주는 사랑의 심장부를 향해 우
리를 열어준다. 반면 공동체 안에서의 삶은 우리가 고독
가운데서 접촉하는 그 사랑을 드러내준다. 공동체에는
그 공동체의 유대를 새롭게 해주는 고독이 필요하다.[28]

삶이 복잡할수록 혼자 있는 시간이 필요한데, 아이러
니하게도 현대인들은 혼자 있으려 하지 않습니다. 혼자
있는 시간을 어색해하고 안절부절 못하는 사람들이 많
습니다. 그들은 차분하게 홀로 있는 시간을 견딜 수 없
어 합니다. 그때 오히려 텔레비전이나 유튜브를 시청하
고, 미디어를 통해 자신의 외로움을 채우려 합니다. 저
도 SNS를 이용하기 때문에 화면을 쳐다보면 시간이 언
제 그렇게 금방 가는지 모릅니다. 의도적으로 자제하려
노력하지만 힘든 건 저도 다른 사람들과 마찬가지입니다.
그래서 책 읽는 일에 의무감과 당위성을 부여하면서까지
시간을 확보하려고 노력했습니다.

독서는 이러한 일에 좋은 훈련의 장이 될 수 있습니다.
책을 읽기 위해선 혼자 있어야 하고 읽는 이가 자신을 스
스로 통제할 줄 알아야 합니다. 자신의 의지와 상관없이
쏟아지는 미디어의 파도 속에서, 독서는 정보와 통찰을

얻기 위한 매우 적극적이고 자기주도적인 행동입니다.

독서는 대화와는 정반대로 혼자 있는 상태에서 다른 사
람의 생각을 받아들이는 것이다. 독서할 때 우리는 혼
자 있을 때의 지적 능력을 십분 발휘한다. 그런데 일단
대화 상황에 돌입하면 그 능력은 즉각 흐트러지고 만다.
또한 독서를 할 때면 우리는 혼자 있을 때처럼 영감에
불타고, 우리의 영혼은 스스로에 대한 자성적 작업을 충
실히 해낼 수 있다.[29]

독서란 근본적으로 혼자서 스스로와 소통하는 것임
에 틀림없습니다. 물론 1차적으로 저자의 생각을 읽지
만, 읽으면서 스스로에게 자연스럽게 말을 걸게 됩니다.
흔히 사색이라고 할 수 있는데, 그 속에서 자기를 발견하
고 삶의 방식이나 방향을 다져갑니다.

진리는 고독하게 자기를 의식하는 인간에게만 말을 건넵
니다. 고독이 긍정적인 것은 자기 자신과 온전한 관계를
맺을 수 있는 가능성 때문입니다. 혼자 있어야만 자기
내부에 표상된 세계와 내적 대화를 나눌 수 있습니다.[30]

특별히 저는 말씀을 통한 사색, 즉 묵상을 통해 저의

177

본성과 마주했습니다. 은밀한 죄와 대수롭지 않게 여겼던 악의 뿌리, 그릇된 동기, 결핍, 상처, 염려, 두려움, 위선, 거짓, 분노, 반복되는 실수, 게으름, 우상과 불신, 우울과 피해의식, 인색함, 교만, 이기심 등 많은 것들을 마주했고, 그중 제 안에 어떤 것이 크게 자리잡고 있는지 늘 점검했습니다. 이처럼 혼자 있는 시간은 내 안의 무엇을 고치고 극복해야 하는지를 그 어느 때보다도 잘 포착할 수 있도록 도와주는 시간입니다. 그래서 혼자 있는 시간, 특별히 독서를 통한 사색의 시간은 정말 중요합니다.

혼자 사색하기에 가장 효과적인 수단은 당연히 책이었습니다. 저는 책 속에서 생각의 재료를 수집하고 새롭게 사고하며 비로소 삶의 재충전과 회복을 경험했습니다. 자기만의 시간, 자기만의 공간에서 책을 읽고 사색하는 행위가 주는 혜택은 늘 새롭고 풍성했습니다. 혼자 있는 시간이 이토록 중요하기에 이를 자기에게만 허용할 것이 아니라 타인에게도 기꺼이 내주어야 합니다. 특별히 부부나 자녀에게 말입니다.

혼자 있는 시간을 확보하고 그 시간을 유익하게 보내는 것도 반복과 연습이 필요합니다. 자투리 시간도 좋고, 꼭 규칙적이지 않아도 괜찮습니다. 누구에게도 방해받지 않는 자기만의 시간을 가지려 노력해봅시다. 저는 세상의 소음과 적절한 거리를 두고 홀로 독서에 전념하면서부터 인생의 참된 기쁨을 찾기 시작했습니다. 혼자 책을 읽으면서 차오르는 충만한 희열 때문에 오랜 시간 책 권태기 한번 없이 여기까지 올 수 있었습니다.

나라는 사람을 곰곰이 관찰해보니 혼자 있는 시간이 충분치 않을 때, 내리막길을 구르는 돌처럼 바삐 살 때, 가만히 앉아 내 마음에 어떤 것들이 고여 있는지 들여다보지 못할 때 어김없이 우울해진다는 사실을 깨달았거든요. 그렇다면 저에게 있어 마음을 돌본다는 건 대단한 게 아니라 가끔 충분히 혼자인 시간을 보내는 것. 흙탕물이 가라앉듯 하루의 번잡함이 사라지고 난 뒤 마음에 남아 있는 것들이 무엇인지 들여다보는 일이었어요.[31]

| 건강한 관계성

인간관계도 과도하게 시간을 빼앗거나 피상적이고 감정 소비가 많은 것들부터 조금씩 정리해나갔습니다. 이때 자기만의 기준을 갖고 순수한 만남을 지향해야 피로도가 덜했습니다. 명확한 자기 소신이 없으면 관계조차도 타인에게 휘둘리게 되고 많은 시간과 돈과 감정을 소모하게 됩니다.

인간관계가 단순해지면 부정적인 감정과 스트레스에서 보다 자유로워질 수 있기 때문에 가족에게는 물론 곁에 있는 사람들을 더 존중하고 배려하는 마음이 커집니다. 심리학에서는 타인과 나의 삶을 어느 정도 감당할 만큼 거리를 두라고 하는데 그 말을 이해할 수 있었습니다.

건강했던 관계의 경계가 허물어질 때 제 자신을 돌볼 시간이나 여유가 없어져 마음이 황폐해지는 순간도 경험했습니다. 그 이후 관계도 절제가 필요하다는 것을 배웠습니다. 제겐 가까운 사람들과 교제하고 교회 공동체와 독서모임 정도면 충분했습니다. 너무 많은 사람들의 이야기를 듣고 나누고 돌아오다 보면 정신도 체력도 고갈되었기 때문입니다. 그러므로 각자에게 맞는 적절한 관계의 범위를 설정해야 합니다.

좋은 독서모임은 건전한 관계 형성과 훈련에 좋은 장입니다. 좋은 책은 읽는 이에게 좋은 통찰을 주고 그를 성숙하게 합니다. 그리고 독서모임은 그러한 통찰과 변화를 함께 공유하고 나누는 모임입니다. 그 안에서 좋은 관계가 형성될 가능성이 높습니다. 저는 책과 독서모임을 통해 좋은 분들을 많이 만날 수 있었고, 덕분에 과도한 고립과 독단에 빠지지 않을 수 있었습니다.

하지만 모임이나 양육 등을 하며 누군가에게 지치거나 속상한 일을 겪을 때도 있었습니다. 다양한 사람들을 만나고 모임을 하다 보니 예기치 못한 상황이 벌어지기도 했던 것입니다. 종종 서로에게 숨기고픈 모습들이 여과없이 드러났습니다.

저는 사람들의 말과 태도나 삶의 방식, 습관을 보고 상대방을 섣불리 판단하기도 했습니다. 그 사람의 정보만으로 쉽게 짐작하고 정작 그 이면을 보는 데는 소홀했습니다. 결핍이 그의 단점으로 부각돼 보였고, 다른 사람을 통해 듣게 된 소문에 섣부른 선입견을 갖고 사람을 재단했습니다. 시간을 두고 사람을 지켜보고 견디고 기다리는 것이 싫었습니다. '왜 나만 그래야 해'라는 불평이 생겼습니다. 자꾸 지적하고 말하고 싶었습니다. 베풂과 섬김을 당연한 권리로 알고 함부로 요구하는 이들에게 회의를 느끼기도 했습니다.

그러나 다양한 사람들을 만나고 다양한 일을 겪으면

서 저를 수없이 돌아보게 되었습니다. 책을 읽으면서 사람들의 다양한 생각을 조금씩 이해하게 되었습니다. 하나님께서는 이를 통해 더 많이 기도하고 더 많이 훈련받게 하셨습니다. 인간의 본성과 연약함을 묵상할 때면 주께선 그때마다 새로운 힘을 주셨습니다. 독서의 유익은 하나님께서 저를 치유하실 때 더 풍성해졌습니다. 인간이 얼마나 측은하고 불쌍한 존재인지 알게 되었고 하나님 앞에 더욱 엎드리게 되었습니다.

책은 위로를 주고 용기를 주며 자아를 마주하게 한다. 또한 피난처가 되어주고 경험을 전달하며 관점을 바꾸고 의미를 부여한다. 책은 재미와 감동을 주고 주의를 다른 곳으로 돌려준다. 무엇보다 자아로부터. ... 인류가 출현한 이후 줄곧 단어, 텍스트, 책은 치유의 수단이자 교육과 교화의 도구로 활용되었다. ... 이런 강렬한 독서 체험은 인생의 변곡점을 만들고, 삶에 깊이 새겨지는 마법 같은 글과 이야기가 정말로 존재한다는 것을 입증한다.[32]

말씀 안에서, 책 속에서 길어 올린 수많은 진리와 사랑의 메시지가 저를 살렸습니다. 방심하면 치고 올라오는 제 안의 연약함을 주께서 어루만져 주셨습니다. 또한 타인을 있는 그대로 보는 마음도 주셨습니다. 성경과 수

많은 책들을 통해 저를 인도해주신 하나님께 얼마나 감사한지 모릅니다.

새로운 가치관을 얻으면 삶의 방식이나 목표 자체가 바뀌기도 하고, 자신의 성격이나 활동도 이에 맞추려고 노력하게 됩니다.[33] 고유하게 존재하는 사람에 대해 함부로 말하지 않기를 날마다 다짐했습니다. 편견과 완고함이 사람을 죽일 수도 있기 때문입니다. 거듭난 신자의 중요한 태도 중 하나는 타인에 대한 차별과 배제를 멀리하는 것임을 깨달았습니다.

| 독서모임의 유익을 누리다

독서를 하면 할수록 성경과 책에 여전히 무관심한 사람들에게 계속 마음이 쓰였습니다. 저도 시간을 낭비하고 경건 생활이 어려웠던 때가 있었기에 저와 같은 시행착오를 겪지 않도록 사람들을 돕고 싶었습니다. 곁에 있는 교회 지체들, 이웃들에게 독서의 유익과 중요성을 꼭 전하고 싶었습니다. 좋은 책이 복음을 더 친절하고 정교하게 나눌 수 있는 수단이라는 것을 알리고 싶었습니다.

간절한 마음으로 만나는 사람마다 적절한 책을 선물하고 읽기를 권했습니다. 그러자 함께 책을 읽는 사람들이 한 명 두 명 늘어나며 자연스럽게 독서모임이 시작되었습니다. 성경 역시 함께 읽기 시작했습니다. 성경을 통독하며 각 권별 개론을 함께 공부했습니다. 성경을 잘 읽지 않던 분들이 모임을 통해 성경 읽는 재미를 느끼며 즐거워했습니다.

다양한 책을 읽은 후 책에 대한 느낌과 책을 통해 새롭게 알게 된 내용을 나누었습니다. 점점 많은 책을 읽으면서 우리의 신앙고백이 달라졌고, 지금까지의 삶을 반성하고 돌이키는 일이 생겨났습니다. 함께 웃고 울며 격려하는 날이 많아졌습니다. 그 안에서 서로의 아픔과 갈등을 나누고 이해하며 함께 기도하는 진정한 공동체를 경험했습니다. 모임이 뜨거워지자 다른 지체들이나 이웃에게 독서모임을 권하는 사람들도 늘어났습니다.

차츰 독서모임에 오는 분들이 많아져 한 팀을 여러 팀으로 나누게 되었습니다. 여러 모임들을 오고가며 일주일에 3-4회씩 독서모임을 하는 데도 기쁨과 보람 때문에 힘든 줄 몰랐습니다. 뿐만 아니라 제가 겪은 말씀의 능력과 새롭게 깨닫는 것에 대한 희열을 참여한 모두가 함께 경험하는 것을 보며 이 모임을 하나님께서 기뻐하심을, 모임 중에 친히 일하고 계심을 절감했습니다.

어느 순간부터는 교리 공부에 대한 관심이 커졌습니다. 성경 전체를 일관되게 정리하려다 보니 교리 공부가 얼마나 중요한지 알게 되었습니다. 다양한 교리도서를 읽고 각자 공부해온 것으로 함께 토론하며 그 내용을 성경에 비추어 확인했습니다. 점점 여느 신학생들 못지않게 열정적으로 진리를 탐구하는 사람들이 늘어갔습니다.

생각이 다른 부분에서는 서로 스스럼없이 토론했고 다른 책들을 찾아 읽으면서 잘못 이해한 부분들을 정정해나갔습니다. 그렇게 앎의 지평을 조금씩 넓혀 갔습니다. 다양한 의견을 들으면서 서로 존중하고 경청하는 것은 크나큰 은혜였습니다. 열띤 토론과 지적인 흥미를 일으키는 책들을 만나면 자극을 받아 독서에 더욱 탄력이 붙었습니다.

놀라울 정도로 독서력이 향상되는 분들을 보면서 감사와 행복을 느꼈습니다. 독서모임은 성도의 경건한 삶을 위해 반드시 필요한 모임이라는 것을 다시 한번 확인할 수 있었습니다. 곁에서 그들을 도울 수 있음에 너무도 감사했습니다. 할 수만 있다면 능력이 닿는 한 모임을 위해 시간과 공간과 자원을 아끼지 않겠다고 다짐했습니다. 그렇게 열심히 달려온 독서모임이 현재 10년을 훌쩍 넘었습니다.

그런데 모임을 하다 보면 더러는 자기가 옳다는 것을 꼭 입증하고 싶어서 그것을 어떻게든 확인하려 하는 사람이 있습니다. 그러다 보면 갈등이 생기고 관계도 어려워집니다. 저는 이런 상황을 통해서도 많은 것을 배웠습니다. 지식을 추구하기 전에 서로에게 얼마나 겸손해야 하고 얼마나 다른 사람을 배려해야 하는지 말이죠. 책 좀 읽는다면서 어딜 가나 교만하고 잡음만 일으켜서는 안 될 일입니다. 예배와 기도의 자리에 소홀하면 더더욱 안 됩니다. 우리의 예배와 개인적인 하나님과의 관계를 뒤흔드는 과도한 지적 몰입은 오히려 건강한 신앙을 망칠 수 있습니다. 균형과 질서 안에서 겸손히 누리고 운영되어야 합니다.

집단독서와 읽은 것에 대한 나눔은 참가자들에게 정신적 자유와 에너지뿐 아니라, 조용히 혼자 하는 독서가 주지 못하는 외적 영향력도 제공한다. 또한 집단독서와 해석을 통해 완전히 새로운 관점들이 발견되었다.[34]

더 범위를 넓혀 교회에서 열리는 양육반에서도 좋은 책들을 소개했습니다. 매주 일대일로 만나 성경을 읽고 기본적인 교리책과 경건한 책들을 함께 읽었습니다. 16주 간 내내 삶과 신앙을 나누었는데, 그야말로 매 시간이 부흥회였습니다. 참으로 많은 은혜를 나누었던 기억이 잊혀지지 않습니다. 7년 동안 많은 집사님, 권사님들과 공부하며 자격 없는 저를 사용하시는 하나님의 은혜에 날마다 감동했습니다. 성경과 책으로 삶을 빚는 평생 예배자, 평생학습자, 평생독서전도자로 살아가길 꿈꾸며 기도했습니다.

또한 구역모임에서는 주일 설교 말씀을 나누고, 성경을 함께 읽고, 각자 읽은 책에 대해 간단하게 이야기를 나누었습니다. 구역모임이 일시적인 사교 모임으로 변질되지 않을 수 있었던 이유는 말씀과 함께 좋은 책들을 통해 삶과 신앙을 나누었기 때문입니다. 말씀과 책이 선사하는 은혜는 상상 그 이상이었습니다.

| 치유와 환대의 장으로서의 독서전도

저는 독서모임을 성도들 간의 만남으로만 제한하지 않

앉습니다. 책은 믿지 않는 이웃과도 자연스럽게 연결될 수 있는 좋은 수단이고, 신앙의 유무를 떠나 책을 좋아하는 분들도 참 많습니다. 제가 보았을 땐 오히려 신앙이 없는 분들 중에 훌륭한 독서가, 다독가들이 더 많은 것 같습니다.

반면에 교회에 다니지 않는 사람들에게 처음부터 성경이나 신앙도서를 같이 읽자고 하면 상당수 불편해합니다. 때문에 각자의 삶의 내용과 다양한 사회 현상에 대해서 나눌 수 있는 책들과 자녀교육, 인간관계 등 그들이 관심 갖는 책들을 함께 읽었습니다. 그중 많은 책들이 성경의 진리와 기독교 세계관을 소개할 수 있는 접촉점을 갖고 있었습니다.

꼭 신앙도서가 아니더라도, 저자가 기독교인이 아니더라도 얼마든지 다양한 이야기를 나눌 수 있었습니다. 그렇게 이웃들과 함께 책을 읽으며 그들이 겪고 느끼는 고통의 문제들을 조금씩 알게 되었습니다. 정도의 차이는 있지만 우울증, 강박, 부부문제, 자녀문제 등 신앙 유무와 상관없이 겪는 고통의 문제는 다양했습니다. 독서모임에서는 책과 관련된 이야기뿐만 아니라 그와 연결된 삶의 여러 문제들도 자연스레 흘러나왔습니다. 그 가운데 조금씩 마음과 정서가 치유되고 회복되는 일들이 생겨났습니다. 기질적인 원인보다는 대부분 삶에서 부딪히는 정서적인 부분이 많았기에 이야기를 나누면서 충분히 극복되는 상황도 보았습니다. 독서모임은 치료의 효과도 있다는 것을 경험했습니다.

하나님 앞에서 울기도 많이 울었습니다. 어떤 분의 경우, 제가 만나서 나누는 것만으로도 감당하기가 너무 힘들었습니다. 그만큼 크고 아픈 고통을 가진 분들이었습니다. 그들과 함께 있을 때마다 끝도 없는 터널을 같이 걷는 것만 같았습니다. 그럼에도 불구하고 한 사람도 놓지 않으시는 하나님께서 계속 그들과 함께할 수 있는 마음과 힘을 주셨습니다. 하나님께서는 결코 한 영혼도 놓지 않으시는 분임을 독서모임을 통해 수없이 경험했습니다. 독서모임은 이웃을 향한 관심과 사랑과 유익을 경험할 수 있는 하나님의 선물이었습니다.

하나님께서는 독서전도를 통해 점점 가족과 교회 공동체를 넘어 이웃을 살피고 타인의 유익을 위해 살아가는 성경의 원리를 깨닫게 하셨습니다. 우리는 각자 삶의 문제들을 나누며 위로와 격려를 얻었고, 진리를 나누며 깨달음의 은혜를 함께 누렸습니다. 혼자 읽으면 자기 안

189

에 갇히기 쉽지만 함께 읽으면 더 풍성한 은혜를 나눌 수 있었습니다. 시간이 지나면서 복음에 마음을 여는 분들이 생겼고 실제로 전도된 분이 생기기 시작했습니다.

동네 사람들이 책을 읽는 모습이 그렇게 아름다워 보일 수가 없었습니다. 진리에 대한 이해와 체계가 잡혀 간다는 고백도, 삶의 방향을 찾았다는 고백도 들렸습니다. 일상이 막막하고 불안했는데, 책을 함께 읽으면서 삶이 더 단단해졌다는 말이 들리는 것도 모두 은혜였습니다. 책을 사는 돈이 아깝지 않다는 고백은 더 큰 기쁨과 보람이었습니다.

이렇게 독서모임을 섬길 수 있다는 것이 참 감사했습니다. 장소를 제공하고 식탁을 준비하는 모든 과정이 경건의 연습이 되었습니다. 자연스레 섬김의 은사를 더욱 사모하게 되었습니다. 언제든지 어느 누구에게든지 섬김이라는 좋은 습관을 발휘할 수 있도록 더 노력하게 되었습니다. 다른 사람들을 향한 이런 생산적인 습관이 저를 창의적이고 상상력이 풍부한 사람으로 바꿔갔습니다.

손대접 관계에서 주인은 종종 깊은 축복을 경험한다. 손대접은 하나님의 더 큰 손대접에 참여하며 그것을 반영하는 것이다. 따라서 손대접은 신적인 것, 거룩한 땅과 연관을 맺고 있다. 손대접은 육체적, 영적, 사회적 양식을 공급해 줌으로써 생명을 부여하는 일이다. 그것은 많은 열매를 맺으며 풍성하다.[35]

결국 독서전도와 독서모임은 저의 삶을 더 부지런하고 풍성하게 만들었습니다. 책을 읽는 사람들에게 시간과 공간과 자원을 나눌 수 있음에 정말 감사합니다. 이 일을 오래도록 하고 싶은 마음을 주셔서 더더욱 감사합니다. 독서모임이 거듭되고 함께하는 사람들이 늘어갈수록 영혼을 살리고 세워가는 하나님의 큰 일에 동참하는 것 같아 기쁘고 영광스럽습니다.

요한복음은 하나님의 환대를 경험한 사람들에게 우리가 식사와 환대의 만남을 나눌 수 있는 사람들을 찾아서 그들에게 하나님의 환대를 받은 우리의 삶을 나누도록 초대하고, 다른 사람들이 구원하는 하나님의 환대를 만나는 기회로서의 빵, 포도주, 물, 집과 섬김의 참된 의미를 설명할 수 있는 방식들에 주의를 기울이도록 요청한다. 달리 말하자면, 요한복음은 외부인들에게 구원을 주는 하나님의 환대를 시행할 목적으로 우리의 예배, 교회 공간, 예전뿐만 아니라 우리의 삶과 가정도 개방하는 형태의 선교적 환대를 권장한다. ... 교회가 생명의 빵과 생수 그리고 신적 우정이 지금 경험되는 장소라면, 복음전도 적인 환대에 헌신된 사람들은 방문객들과 외부인들에게 우리의 예배 공간을 개방함으로서 생명을 주는 이러한 실재들을 확장하려 할 것이다. ... 교회는 교회의 공적인 삶이 아닌 사람들에게 하나님의 환대를 드러낼 수 있는 방법들을 모색해야 한다.[36]

복음을 전하는 통로로서 독서모임은 탁월합니다. 저는 지금도 하나님을 믿지 않는 두 분의 이웃과 책을 읽고 있습니다. 언젠가는 그분들도 책과 함께 나눈 이야기를 통해 하나님의 은혜를 경험하길 소원합니다. 하나님의 진리의 세계로 속히 들어오기를 기도하며 계속해서 그들과 함께 책을 읽을 것입니다.

| 기록하는 습관

독서를 꾸준히 하면서 새로운 습관이 생겼습니다. 바로 기록입니다. 매일의 일상을 기록하기 시작했습니다. 요즘도 여전히 아침부터 잠자리에 들기 전까지 하루의 일들을 꼼꼼하게 메모합니다. 매일 반복되는 일들이지만 식사, 운동, 묵상, 독서, 설교, 약속, 모임, 생각과 감정, 오고가며 보고 느낀 것들, 문득 생각나는 것들을 꾸준히 기록하고 있습니다.

매일 반복되는 일을 기록해서 뭐하냐는 사람도 있을 수 있지만, 반복되는 일일수록 기록하고 성과를 체크할 때 그 일의 능률이 올라갑니다. 시간을 낭비하지 않고 규모 있게 사용하는 데에도 유익합니다. 그렇게 되면 일을 미루는 습관이 고쳐집니다. 이제 작은 수첩과 펜은 거의 제 몸처럼 하나가 되어 함께 다닙니다.

습관은 내가 되고 싶어 하는 사람이 될 수 있도록 돕는다는 점에서 중요합니다.[37] 습관은 자신에 대한 가장 깊은 믿음을 계발하는 최고의 수단입니다.[38] 매일 생각하고 실행하는 일들을 기록하고 체크하면 자기가 어떤 사람이 되고 싶은가에 초점이 맞춰집니다. 매일 기록한 내용들만 보더라도 내가 어떻게 살고 있는지 한눈에 보입니다.

남들이 보면 유치한 내용 같아 보여도 오랜 시간 기록이 쌓이다 보면, 사소한 기록이 자신에게 구체적인 변화를 일으키는 것을 경험합니다. 어떤 일을 중요하게 여기는지, 어떻게 발전하고 있는지, 어떤 것에 실패하고 있는지 보입니다. 잘한 것은 탄력을 받아 더 성장하게 되고, 잘못한 것은 다시 시도하면서 좋은 루틴을 만들려고 노력하게 됩니다.

수첩은 늘 몸에 지니고 다닌다. 외출할 때 호주머니에 넣거나 가방에 넣는다. 나는 신비주의자는 아니지만, 언제 그럴듯한 생각이나 이미지가 스쳐 지나갈지 모른다는 생각을 항상 하고 있다. 그런 생각이나 이미지가 자주 출몰하지 않는다는 것도 알고 있다. 그런 것들은 대개 떠오르는 것이 아니라 지나가는 것이다. 지나가는 시간이 정해진 것도 아니다. 지나가기 때문에 얼른 붙잡아야 한다. 붙잡지 않으면 어디론가 사라져버린다. 어디로 가는지 알 수 없으니 다시 찾기도 어렵다. 그러니까 메모를 하는 것은 붙잡는 것이다.[39]

특별히 지난 14년간 제가 써 온 독서노트에는 그동안 어떤 책을 읽었는지, 어떤 변화들이 있었는지, 어떻게 독서한 내용을 기록했는지 등 다양한 내용이 담겨 있습니다. 독서 리스트와 취향은 물론 노트나 필기도구의 변천사까지 보입니다. 독서노트는 저의 삶과 신앙의 성장기록이라 할 수 있습니다.

오랫동안 한 자리에 쌓여온 시간에 감탄하는 것, 그 시간을 볼 수 있도록 남겨둔 한 사람의 성실함에 감탄하는 것, 일기의 대단한 점은 아무래도 여기에 있는 것 같아요. 하루치는 시시하지만 1년이 되면 귀해지는 것 ... 삶이란 건 한 사람에게만 일어나는 이야기니까요. 매일이 나의 역사입니다.[40]

독서 과정을 기록하는 것은 자기 삶의 역사를 담는 것입니다. 좋은 책을 읽고 기록하는 습관은 닥치는 대로 살지 않고 스스로를 단련하는 데 중요한 역할을 합니다. 삶과 신앙에 집중하는 연습도 꾸준히 기록하는 습관에서 비롯됩니다. 기록하는 습관만으로도 자신을 의미 있는 존재로 만들어 갈 수 있습니다.

읽기가 정신의 양분이고, 기억이 인성의 일부가 되듯이 노트는 양분과 인성의 저장고다. 읽기, 기억, 노트는 모두 우리를 완성해야 하며, 따라서 우리를 닮아야 하고, 우리의 인성과 역할, 소명을 어느 정도 담고 있어야 한다. 또한 우리의 목표에, 그리고 목표를 현재나 미래에 실현하기 위해 수행하는 외적 활동의 형태에 상응해야 한다. ... 나는 읽기만 하지 않고 읽으면서 적는다. 그러나 나는 누군가를 만난 뒤에는 그 사람의 사유를 적기보

다 나의 사유를 적는다.[41]

자신에게 의미 있는 일들을 기록으로 채워가다 보면
자기 삶의 내용들이 쌓여서 무엇이 옳고 중요한지, 자신
이 무엇을 원하는지 알게 될 것입니다. 언젠가 자신의 진
짜 꿈과 마주하게 될 것입니다. 자신이 진짜 추구하고 싶
은 일들에 행복하게 전념할 수 있는 날이 올 것입니다.

메모는 삶 자체다. 메모를 하면서 세상을 이해하고 아
이디어를 만들어내며 자신을 알아가고 인생의 나침반을
찾아 가자. 메모로 꿈을 찾고 열정을 발산하라. 그 열정
은 나와 타인을 움직이며 인생을, 세상을 더 나은 방향
으로 흘러가게 할 것이다.[42]

| 걷기 습관

위대한 설교자들, 사상가들은 대부분 산책하기를 즐겨
했다고 합니다. 하지만 제 경우에, 예전에는 누군가 걷자
고 하면 마지못해 따라나설 정도로 걷는 것을 기피했습
니다. '책 읽을 시간도 모자라는데' 하면서 코웃음을 쳤
습니다. 그랬던 제가 언젠가부터 집 앞의 한강이나 공원,

동네 인근 산의 둘레길을 걷기 시작했습니다.

걸으면서 책도 보고 이것저것 생각하고 정리도 합니다. 얇은 책 한 권을 들고 걷다가 의자에 앉아 읽기도 하고, 오고가는 길에 카페에 들려서 두세 시간씩 책을 읽다 오기도 합니다. 그렇게 혼자 걷다가 책 읽는 시간이 늘면서 차츰 즐거운 습관이 되었습니다.

> 산책길에서 책 말고도 하도 많은 읽을거리를 만난다. 숲길은 내 서재가 되고 책꽂이가 된다. 그러나 뭐니뭐니 해도 큰 읽을거리는 책이다. 그러다 보니 책은 산책을 함께하는 길동무가 되기도 한다. 무겁거나 크거나 두꺼운 책은 사양한다. 가볍고 얇은 책, 예컨대 문고본 같은 것을 호주머니에 넣고는 산책을 나간다.[43]

칸트는 산책뿐만 아니라 규칙적인 생활과 철저한 자기관리로도 유명합니다. 당시 동네 사람들은 그가 지나가면 시간을 짐작했다고 합니다. 매일 같은 시간에 산책했기 때문입니다. 저야 칸트보다 훨씬 못하지만 자주 걷고 사색하는 사람이 되려고 합니다. 책 속에서 만난 위대한 인물들의 공통된 습관이었으니까요.

사유와 산책은 한 짝이다. 걷는 사람은 대개 사유하는 사람이다. 그러니 사람의 걷는 모습에서도 마음은 작열한다.[44]

혼자 걷기 싫은 날은 친구들이나 아들과 함께 걸었습니다. 특별히 아들과 함께 걸으면 평소 집에서 나누지 못했던 이야기도 나누게 되면서 한결 진지한 대화가 펼쳐졌습니다. 아들과 자주 걷게 되면서 아들도 책을 들고 다니게 했습니다. 걸으면서 책 이야기나 신앙, 학업 등 여러 가지 고민들을 자주 나누었습니다. 카페에서 함께 독서하고 서점에도 함께 자주 드나들면서 아들이 관심 갖는 주제가 무엇인지도 알 수 있었습니다. 이렇듯 자녀와 함께하는 독서는 서로를 알아가는 유익한 방편입니다. 이는 성인이 되어갈수록 더 중요합니다. 아들과 함께한 독서 산책이 독서 데이트가 되고 독서 나눔이 되었습니다.

대학에 입학하면서부터 함께 독서 데이트를 시작했으니 벌써 꽤 시간이 흘렀네요. 사실 중, 고등학교 때 소홀했던 독서를 꼭 회복시켜주고 싶었습니다. 청년이 된 친구(아들)와 여전히 독서 데이트를 즐길 수 있어 참 기쁩니다. 아이들에게 책 읽는 기쁨을 꼭 전해주고 평생의 습관이 되도록 하고 싶었는데 딸도 아들도 책을 가까이하게 되어 참 감사합니다.

나가며

책을 읽지 않았더라면 세상에서 말하는 가치에 붙잡힌 채 여전히 많은 시간을 낭비하며 살았을 겁니다. 하지만 하나님을 만나고 말씀의 능력을 경험하고 나니 더 이상 남은 인생을 모호하게 살고 싶지 않았습니다. 저라는 존재가 좋아하고 잘할 수 있는 일에 집중하고 싶었습니다.

모든 것의 근원이신 하나님께서는 우리를 부르실 때 저마다 무한한 가능성을 주셨습니다. 또한 그 부르심 기운데 우리가 성장할 수 있도록 책이라는 귀한 선물을 주셨습니다. 올바른 성장을 위한 모든 배움의 기초는 책에서 시작합니다. 다양한 책들과 적극적인 교제를 통해 존재를 확장하는 독서의 세계로 나아가면 좋겠습니다. 모두 평생을 책과 함께 걸어가길 간절히 소망합니다.

자기 자신으로만 만족하는 사람, 그리하여 작은 자아로 만족하는 사람은 감옥에 갇혀 있습니다. 저는 제 눈만으로 충분하지 않고 다른 이들의 눈을 통해서도 볼 것입니다. 많은 이들의 눈을 통해 바라본 현실도 충분하지 않습니다. 그래서 다른 이들이 지어낸 것도 볼 것입니다. 그러나 모든 인류의 눈을 다 모은다 해도 충분하지 않습니다. 짐승들이 책을 쓸 수 없는 것이 애석합니다. 쥐나 벌에게 세상이 어떤 모습으로 다가오는지 알 수만 있다면 저는 기꺼이 배우고 싶습니다.[1]

미주

저자 서문

1   조지 기싱, 『헨리 라이크로프트 수상록』, 박명숙 역 (서울:은행나무, 2016), 16

1장 ◆ 어떻게 독서를 시작하게 되었나

1   이수환, 『그의 나라, 그의 왕, 그의 백성』 (서울:세움북스, 2021), 144
2   이찬수, 『믿는다는 것』 (서울:너머학교, 2011), 108
3   같은 책, 108
4   같은 책, 108
5   이수환, 『그의 나라, 그의 왕, 그의 백성』 (서울:세움 북스, 2021), 18
6   김형익, 『답 없이 살아가기 답 없이 사랑하기』 (서울:생명의말씀사, 2021), 43
7   송인규, 『책의 미로 책의 지도』 (파주:비아토르, 2021), 183-185
8   같은 책, 107
9   수유너머 R, 『언제나 질문하는 사람이 되기를』 (서울:너머학교), 155
10   같은 책, 159
11   같은 책, 160

12   같은 책, 161

13   김형익, 『답 없이 살아가기 답 없이 사랑하기』 (서울:생명의말씀사, 2021), 137

14   김기현, 『모든 사람을 위한 성경 묵상법』 (서울:성서유니온, 2019), 39

15   같은 책, 41

16   같은 책, 45

17   같은 책, 99

18   김형익, 『답 없이 살아가기 답 없이 사랑하기』 (서울:생명의말씀사, 2021), 138

19   그레엄 골즈워디, 『기도와 하나님을 아는 지식』 (서울:IVP, 2005), 77

20   존 러스킨, 마르셀 프루스트, 『참깨와 백합 그리고 독서에 관하여』, 유정화, 이봉지 역 (서울:민음사, 2018), 89

21   니나 상코비치, 『혼자 책 읽는 시간』, 김병화 역 (파주:웅진지식하우스, 2012), 268

2장 ◆ 책을 읽는 이유

1   김이경, 『책 먹는 법』 (파주:유유, 2015), 13

2   나가타 가즈히로, 『단단한 지식』, 구수영 역 (파주:유유, 2021), 63

3   김남준, 『염려에 관하여』 (서울:생명의말씀사, 2020), 222

4   장강명, 『책, 이게 뭐라고』 (파주:arte, 2020), 98

5   유선경, 『어른의 어휘력』 (서울:앤의서재, 2020), 214

6   같은 책, 214

7   아르투어 쇼펜하우어, 프리드리히 니체, 『쇼펜하우어와 니체의 책 읽기와 글쓰기』, 홍성광 역 (일산:연암서가, 2020), 137

8   스티븐 로저 피셔, 『읽기의 역사』, 신기식 역 (서울:지영사, 2011), 56

9   같은 책, 56

10   미셸 푸코, 『말과 사물』, 이규현 역 (서울:민음사, 2012), 75

11   강영안, 『읽는다는 것』 (서울:IVP, 2020), 71

12   고미숙, 『읽고 쓴다는 것, 그 거룩함과 통쾌함에 대하여』 (서울:북드라망, 2019), 214

13   같은 책, 216

14   강영안, 『읽는다는 것』 (서울:IVP, 2020), 54-55

15 같은 책, 78-79

16 어수웅, 『탐독』 (서울:민음사, 2016), 6

17 김진혁, 『질문하는 신학』 (서울:복있는사람, 2019), 62

18 같은 책, 63

19 한병수, 『신학의 통일성』 (서울:부흥과개혁사, 2017), 113

20 김진혁, 『질문하는 신학』 (서울:복있는사람, 2019), 69

21 강영안, 『읽는다는 것』 (서울:IVP, 2020), 13

22 한재술, 『송영을 위한 독서』 (안성:그책의사람들, 2015), 15

23 존 칼빈, 『기독교 강요』 2.8.40

24 한재술, 『송영을 위한 독서』 (안성:그책의사람들, 2015), 12

25 에라스무스 외, 『공부의 고전』, 정지인 역 (파주:유유, 2020), 130

26 같은 책, 131

27 에마뉘엘 레비나스, 『윤리와 무한』, 김동규 역 (고양:도서출판100, 2020), 162

28 아르투어 쇼펜하우어, 프리드리히 니체, 『쇼펜하우어와 니체의 책읽기와 글쓰기』, 홍성광 역 (고양:연암서가, 2020), 26-127

29 C.S. 루이스, 『책 읽는 삶』, 윤종석 역 (서울:두란노, 2021), 54

30 주희, 『낭송 주자어류』, 이영희 역 (서울:북드라망, 2014), 68

31 같은 책, 68

32 같은 책, 68

33 이반 일리치, 『텍스트의 포도밭』, 정영목 역 (서울:현암사, 2016), 53

34 유선경, 『어른의 어휘력』 (서울:앤의서재, 2020), 258

35 정희진, 『정희진처럼 읽기』 (서울:교양인, 2014), 16

36 박양규, 『인문학은 성경을 어떻게 만나는가』 (서울:샘솟는기쁨, 2021), 27-31

37 정희진, 『정희진처럼 읽기』 (서울:교양인, 2014), 16

38 비벌리 로버츠 가벤타, 『로마서에 가면』, 이학영 역 (서울:노서출판 학영, 2021), 183

39 정희진, 『정희진처럼 읽기』 (서울:교양인, 2014), 23

40 김이경, 『책 먹는 법』 (파주:유유, 2015), 29

41 움베르토 마뚜라나, 프란시스코 바렐라, 『앎의 나무』, 최호영 역 (서울:갈무리, 2007), 31

42 같은 책, 31

43 나가타 가즈히로, 『단단한 지식』, 구수영 역 (파주:유유, 2021), 67

44 같은 책, 67

45 김이경, 『책 먹는 법』 (파주:유유, 2015), 35-36

46 박노해, 『걷는 독서』 (서울:느린걸음, 2021), 309

47 김이경, 『책 먹는 법』 (파주:유유, 2015), 36

48 에마뉘엘 레비나스, 『윤리와 무한』, 김동규 역 (고양:도서출판100, 2020), 13

49 같은 책, 14

50 김진혁, 『질문하는 신학』 (서울:복있는사람, 2019), 55

51 한동일, 『믿는 인간에 대하여』 (서울:흐름출판, 2021), 12

52 오스 기니스, 『소명』, 홍병룡 역 (서울:IVP, 2019), 21

53 같은 책 12

54 같은 책 12

55 김열규, 『독서』 (서울:비아북, 2008), 14

56 같은 책, 161

3장 ◆ 어떤 저자들의 책을 어떻게 읽었는가

1   마틴 로이드 존스, 『부흥』, 정상윤 역 (서울:복있는사람, 2006), 238-239

2   같은 책, 284

3   슈테판 츠바이크, 『모든 운동은 책에 기초한다』, 오지원 역 (파주:유유, 2019), 14

4   마틴 로이드 존스, 『부흥』, 정상윤 역 (서울:복있는사람, 2006), 326

5   같은 책, 380

6   같은 책, 404

7   존 러스킨, 마르셀 프루스트, 『참깨와 백합 그리고 독서에 관하여』, 유정화, 이봉지 역 (서울:민음사, 2018), 158

8   존 스토트, 『성경이란 무엇인가』, 박지우 역 (서울:IVP, 2015), 93

9   김홍중, 『은둔기계』 (파주:문학동네, 2020), 116

10 조나단 에드워즈, 『조나단 에드워즈 대표설교선집』, 백금산 역 (서울:부흥과개혁사, 2005), 96-97

11 같은 책, 106

12 존 오웬, 『그리스도의 영광』, 서문강 역 (서울:지평서원, 2011), 25

13   리처드 백스터, 『기독교 생활 지침1』, 박홍규 역 (서울:부흥과개혁사, 2018), 10

14   슈테판 츠바이크, 『모든 운동은 책에 기초한다』, 오지원 역 (파주:유유, 2019), 26

15   김영하, 『읽다』 (파주:문학동네, 2018), 16-31

16   C. S. 루이스, 『예기치 못한 기쁨』, 강유나 역 (서울:홍성사, 2018), 320

17   김진혁, 『질문하는 신학』 (서울:복있는사람, 2019), 38-39, 43

18   C. S. 루이스, 『순전한 기독교』, 장경철, 이종태 역 (서울:홍성사, 2018), 221

19   한재술, 『독서 모임 대답은 있다 이야기』 (안성:그책의사람들, 2011), 260

20   같은 책, 89

21   아르투어 쇼펜하우어, 프리드리히 니체 『쇼펜하우어와 니체의 책 읽기과 글쓰기』, 홍성광 역 (일산:연암서가, 2020), 24-27

22   같은 책, 120-121

23   같은 책, 120-121

24   이정일, 『문학은 어떻게 신앙을 더 깊게 만드는가』 (서울:예책, 2020), 70, 73

25   같은 책, 98

26   한병수, 『신학의 통일성』 (서울:부흥과개혁사, 2017), 80

27   같은 책, 98

28   같은 책, 98

29   버지니아 울프, 『버지니아 울프 독서법』, 정명진 역 (서울:부글북스, 2021), 38

30   최종원, 『텍스트를 넘어 콘텍스트로』 (파주:비아토르, 2019), 33-34

31   같은 책, 320-321

4장 ◆ 독서는 어떤 변화를 일으켰는가

1   윌리엄 고드윈, 『질문하는 법』, 박민정 역 (파주:유유, 2020), 24

2   장자크 루소, 『고독한 산책자의 몽상』, 문경자 역 (파주:문학동네, 2016), 39

3   같은 책, 41

4   같은 책, 41

5   같은 책, 41

6   비벌리 로버츠 가벤타, 『로마서에 가면』, 이학영 역 (서울:도서출판 학영, 2021), 153

7   박민영, 『글을 쓰면 자신을 발견하게 됩니다』 (서울:샘터, 2019), 48

8   김혜은, 『공부하는 엄마들』 (파주:유유, 2014), 25

9   장자크 루소, 『고독한 산책자의 몽상』, 문경자 역 (파주:문학동네, 2016), 76

10 같은 책, 76

11 정희진, 『정희진처럼 읽기』 (서울:교양인, 2014), 19

12 미키 기요시, 『독서와 인생』, 최현 역 (파주:범우사, 2007), 35

13 같은 책, 35

14 박노해, 『걷는 독서』 (서울:느린걸음, 2021), 199

15 이반 일리치, 『텍스트의 포도밭』, 정영목 역 (서울:현암사, 2016), 37

16 같은 책, 37

17 C. S. 루이스, 『순전한 기독교』, 장경철, 이종태 역 (서울:홍성사, 2018), 322

18 윌리엄 고드윈, 『질문하는 법』, 박민정 역 (파주:유유, 2020), 155

19 박노해, 『걷는 독서』 (서울:느린걸음, 2021), 337

20 스벤 브링크만, 『절제의 기술』, 강경이 역 (파주:다산초당, 2020), 123

21 조슈아 W. 지프, 『환대와 구원』, 송일 역 (서울:새물결플러스, 2019), 266

22 같은 책, 169

23 리처드 백스터, 『기독교 생활 지침2』, 박홍규 역 (서울:부흥과개혁사, 2018), 14

24 유선경, 『어른의 어휘력』 (서울:앤의서재, 2020), 250-251

25 장석주, 『마흔의 서재』 (파주:프시케의숲, 2020), 77

26 사이토 다카시, 『혼자 있는 시간의 힘』, 장은주 역 (고양:위즈덤하우스, 2015), 50

27 같은 책, 184

28 파커 J. 파머, 『가르침과 배움의 영성』, 이종태 역 (서울:IVP, 2014), 245

29 존 러스킨, 마르셀 프루스트, 『참깨와 백합 그리고 독서에 관하여』, 유정화, 이봉지 역 (서울:민음사, 2018), 155

30 박민영, 『글을 쓰면 자신을 발견하게 됩니다』 (서울:샘터, 2019), 20

31   김신지, 『기록하기로 했습니다』 (서울:휴머니스트, 2021), 43

32   안드레아 게르크, 『우리는 책 앞에서 가장 솔직해진다』, 배명자 역 (서울:
     세종서적, 2019), 9-14

33   김석, 『자아』 (서울:은행나무, 2021), 123

34   안드레아 게르크, 『우리는 책 앞에서 가장 솔직해진다』, 배명자 역 (서울:
     세종서적, 2019), 242

35   크리스틴 폴, 『손대접』, 정옥배 역 (서울:복있는사람, 2021), 28

36   조슈아 W. 지프, 『환대와 구원』, 송일 역 (서울:새물결플러스, 2019),
     167-169

37   제임스 클리어, 『아주 작은 습관의 힘』, 이한이 역 (서울:비즈니스북스,
     2019), 66

38   같은 책, 66

39   이승우, 『소설을 살다』 (서울:마음산책, 2019), 70

40   김신지, 『기록하기로 했습니다』 (서울:휴머니스트, 2021), 21

41   앙토냉 질베르 세르티양주, 『공부하는 삶』, 이재만 역 (파주:유유, 2013),
     273-274

42   마에다 유지, 『메모의 마법』, 김윤경 역 (서울:비즈니스북스, 2020), 227

43   김열규, 『독서』 (서울:비아북, 2008), 160

44   장석주, 『마흔의 서재』 (파주:프시케의숲, 2020), 67

나가며

1   C. S. 루이스, 『오독』, 홍종락 역 (서울:홍성사, 2021), 175